Ⓢ新潮新書

森口 朗
MORIGUCHI Akira

日教組

397

新潮社

はじめに――日教組による日教組のための教育改革が始まった

二〇〇九年に民主党政権が誕生した時に、誰がここまで露骨に日教組（日本教職員組合）に擦《す》り寄った教育政策が行われると予想したでしょう。

今世紀に入ってからの教育課題としては「生徒の学力低下」「教員の指導力低下」「いじめ問題」等が挙げられます。これらの課題に対し先の自民党政権は、曲りなりにも対処しようと試みてきました。

中でも最も評価すべき政策は、全国学力テスト復活です。これにより「秋田県の平均学力が全国で最も高い」「大都会である大阪府が全国有数の低学力地域である」「平均所得が日本一高い東京都の学力が全国平均レベルである」などの事実が明らかになりました。政策を実施する際には、まず現実を把握しなければなりません。義務教育は基本的に市町村行政の一部ですから、全国の平均レベルだけでなく地域ごとの学力を把握する必要があります。そのためには抽出調査ではなく全数調査が不可欠なのです。一九六四年に日教組によって中止に追い込まれた全国調査が、二〇〇七年に復活したのです。

教員の指導力低下については教員免許更新制を導入して対応しようと試みましたし、いじめ問題についても何度か実態調査を行い、問題を起こす子に出席停止など適切な措置をとるように教育委員会に指示してきました。

こういった自民党政権の政策にことごとく反対してきたのが日教組でした。

全国一斉学力テストについては、学力を把握したいならば抽出テストで十分であると主張し、教員免許の更新制度に対しては断固反対の立場を貫いていました。いじめ問題の対応はもっとも酷《ひど》く、実態調査を組織ぐるみで妨害した地域さえありました。

私は、自民党政権時代の教育政策が素晴らしかったとは決して思っていません。全国一斉学力テストにしても、橋下《はしもと》大阪府知事が政治問題としたように市町村レベルでの結果をオープンにしないという致命的欠陥があります。教員免許更新制については、期限付き免許というシステム自体は良いとしても十年ごとに受けさせられる研修の効果は甚《はなは》だ疑問です。いじめ問題については、拙著『いじめの構造』（新潮新書、二〇〇七年）でも記しましたが、校内犯罪に対し積極的に警察を導入すべきであるにもかかわらず、しっかりとした方針を出しませんでした。つまり、自民党政権時代の教育政策はどれも中途半端で、煮え切らないものばかりだったのです。それでも自民党政権には、様々な立場の人々の意見を集約して日本の教育を少しでもマシなものにしようという心意気がありました。ところが、民主党政権の教育政策は、日教組の主張をまるまる受けいれたものとしか考えられないのです。全国一斉学力テストと教員免許更新制は、政権誕生早々に見直しが決定しました。いじめ問題も、事件が報道されないという理由もありましょうが、まったく何の手も打とうとしていません。

その代わりに民主党政権下で実現しそうな政策が、日教組の悲願であった三五人学級の実現です。学力低下批判を逆手にとって文部科学省は三〇年ぶりに学級定数の引き下げを目論《もくろ》んでいます。しかし、拙著『戦後教育で失われたもの』(新潮新書、二〇〇五年)で明らかにしましたが、わが国の学校はもはや青少年用の保育園であり、その文化を見直さない限り学級定員を引き下げ(教員を増加し)ても、学力向上にはほとんど効果は見込めないでしょう。

私は、二一世紀になって日教組がこれほど大きな影響力を持つとは思ってもいませんでした。「日本の教育を悪くしたのは日教組だ」という話は都市伝説として定着していますし、民主党政権が誕生してから日教組の組織率が向上したという情報はありません。つまり、世間だけでなく学校現場からの支持も失いつつある組織が、政権交代によって蘇ろうとしているのです。

ご存知の方も多いと思いますが、日教組と民主党は極めて近しい関係にあります。前民主党衆議院議員小林千代美氏の選挙対策の幹部が公職選挙法違反で逮捕され、二〇一〇年六月に小林氏が辞職したことは、記憶に新しいと思います。彼女に裏献金をしていたのは、日教組系組合の北海道教職員組合（北教組）でした。そのうえ、北教組の委員長代理は小林氏の選挙対策委員長まで兼任していたのです。

また、参議院民主党のドンと呼ばれている輿石東《こしいしあずま》氏は、元教員で日教組系の山梨県教職員組合の執行委員長でした。他にも日教組出身者や選挙時に日教組の支援を受けている民主党議員は大勢います。近しいのは選挙や人材だけではありません。理由は本論で詳述しますが、こと教育政策に関して民主党は日教組にほとんど逆らえないのです。

現政権の教育政策に決定的な影響を与える日教組とは何か。保守政治家や保守派の論客達が言うように、本当に彼らは「日本のガン」なのか。それとも自らが主張するように「子どものより良い未来のため、平和、人権、差別との戦いといった社会正義にかなった主張を行う（日教組ホームページより）」団体なのか。予断と偏見に流されずに、過去の歴史や現在の状況を冷静に分析し、日教組の真実の姿に迫りたいと思います。

日教組【目次】

第二章　「教団」としての日教組

第四章 「戦犯」としての日教組

第五章　日教組とのつき合い方

序章　ある平凡な日教組教員の日常

民主党政権の教育政策に大きな影響力を有する日教組とはどんな集団なのか。それを解明するのが本書の目的です。そのためには日教組の歴史や基本的な思想を分析する必要があります。

でもその前に、私たちの町にいる普通の学校の先生、日教組系の県教組に所属する小学校教員の日常をスケッチしてみたいと思います。

なぜなら、日教組がどのような組織であれ、そこに所属する一人一人の先生たちは平凡な一市民に過ぎないからです。構成する人々の現実を無視した組織論は机上の空論に過ぎません。日教組が戦後教育に悪影響を与えたことを言い立てるのは容易です。政治運動にうつつをぬかす先生を批判するのも簡単なことです。それも確かに日教組の一面ではありますが、そういった面だけで日教組を語ることはできません。

日教組教員は、どのような思いで教員生活を過ごしているのか。彼らの大多数は、日本に共産主義革命を起こそうと企てているわけではないし、自虐史観で子どもたちを洗脳しようとしているわけでもありません。まずは、平凡な日教組教員の日常を概観してみましょう。

ただし、教員は小学校に入学した時からずっと学校的価値観の中だけで過ごしているという点で、一般の人々とはかなりかけ離れたメンタリティを有しています。ですから、単に彼らの日常をスケッチするだけでは、彼らの行動を理解できないかも知れません。そこで、逐一解説を入れることにしました。学校特有の文化についても解説しましたので、日教組に限らず皆さんが教育問題を考える場面では、本章は常に参考になるのではないかと考えています。

＊　＊　＊

小学校の理科専科の教諭である高橋は、信じられないといった表情で先輩教員の鈴木に怒りをぶつけた。

※小学校には、クラスを受け持つ教諭の他に、音楽や美術、理科などを専門に受け持つ教諭が存在する。クラス担任よりも時間に余裕があるので組合の役員に就くことが少なくない。

「新人の山田先生って、どんな神経をしているんでしょうかね。私が先生たちの机上に配布した沖縄基地問題のビラを、目の前でゴミ箱に捨てたんですよ」

「そんなことは、私たちの時代には考えられないことでしたね。でも、今時の先生は沖縄や広島の問題に興味なんてありませんから、仕方ないのかもしれません」

※教職員組合に限らないが、官公労の職員組合では頻繁に左翼的な政治ビラ＝政治的主張が書かれた紙を組合幹部が職員の机上に配っている。自治体によっては勤務時間中に行われることもしばしばである。

かつては組合の支部長として勇ましかった鈴木も嘱託教員となった今では、すっかり好々爺《こうこうや》となり妙に若手教師に物分りが良い。高橋にはその点も不満だった。

※嘱託教員とは、六〇歳で定年退職となった後、安い給料で教育委員会に再度雇用されている教員で、多くの都道府県でこの制度が取り入れられている。

高橋の勤める学校では、日教組系の県教職員組合に所属する教員は、七月で五五歳になった高橋と鈴木の二人だけである。六五歳の鈴木は今年で嘱託期間も過ぎるため、来年には教職員二十数名の学校で組合員は高橋一人になってしまう。

※日教組の組合員は正規雇用教員だけではない。栄養士や学校事務職員、非正規雇用の臨時講師や嘱託教員も組合員になっている。これらの全てを足しても日教組の組合員数は三〇万人未満で全教職員の二八％に過ぎない。栄養士や学校事務職員は元々数が少なく、また定年になった教員の多くは嘱託教員となるため、日教組は高齢化が進ん

ている。組合員に占める嘱託教員の数は相当数に上り、新入組合員の減少とあいまって、日教組組合員の減少傾向は今後も続くと予測される。

そうなったら、今でも低調な組合活動は益々低調になるだろう。

自分が若手教員だった頃には、大勢の仲間がいた。夏休みには組合の先輩が紹介してくれた様々な学習会に参加し、徹夜で議論したこともあった。平和学習や人権学習、「ひのきみ（日教組教員は国旗国歌を併せてこう呼ぶ）問題」など、どれも若い自分には新鮮だった。しかし、当時の仲間達も多くは校長や教頭になっている。

※校長や教頭など学校管理職の多くは、元々日教組に所属していた教員である。組合幹部の方が一般教員より校長や教頭への昇進が早い自治体や、組合から推薦を受けないと教頭試験に受からない自治体なども存在した。現在も組織率の高い地方では、その手の悪習が残っている。

「でも、山田先生は中々見所のある先生だと思いますよ。子どもたちもすぐになつきましたし、何よりも毎日遅くまで残って仕事をがんばっている姿勢がいい」

新人教員を指導する立場の鈴木は、山田を自分の教え子のように思っているのだろう。

※新人教員の指導育成を嘱託教員に任せている学校現場は少なくない。

彼の前で山田を批判しても無駄だと思った高橋は、やりかけていた共済の仕事を片付けようと理科準備室に戻った。

※ここでいう共済とは、公務員の年金や健康保険を扱う共済組合のことではない。それとは別に公務員社会には「共済」と呼ばれる生命保険や損害保険を扱う生活協同組合が存在し、通常、労働組合の幹部が勤務時間中に事務処理を行っている。これに対して年金や健康保険に関する事務処理は正式な職務であり学校では事務職員が行う。

理科準備室に戻っても高橋の怒りは収まらなかった。やりかけの共済の仕事だって、山田に関するものだ。生命保険や自動車保険をどれにしようか悩んでいたので、「教員は教職員共済生協に入れるから、民間の保険よりもそっちの方が掛け金も安いし、得だよ」と声をかけてやるとすぐに加入した。県教組には中々入らないのに、今時の若者は損得には敏感だ。思い返せば自分達も、県教組に入ったきっかけは共済か、民間教育団体の学習会のどちらかだった。

※民間教育団体とは、文部科学省や教育委員会などの公的な組織とは無関係に教員や教育学者が自主的に組織して授業の研究をする団体で、その多くが分裂前の日教組と友好関係にあった。有名な百マス計算も民間教育団体から生まれた勉強方法である。

しかし、今では新人が民間教育団体に入ったからといって県教組に入るわけではないし、共済でいくら世話をしてやっても何の恩義も感じない。山田は自動車共済に入ったとたんに軽い交通事故を起こした。そのお陰で、高橋は共済の県支部とのやり取りに忙殺されている。

※教員は直接日教組に所属するわけではない。日教組傘下の教職員組合に入ると自動的

に日教組にも所属したことになるのである。

ところが張本人の山田ときたら、先日も理科準備室にやってきて「共済のお金、いつ出るんですか」と聞いてきた。オレを保険屋と間違えているのかと腹がたったが、グッとこらえ、「ほら、共済に入っておいて良かっただろう。助け合うという意味では共済も県教組も同じだからさ。そっちへの加入も考えておいてよ」と声をかけたら、はぐらかされてしまった。

※学校には、官公労や民間労組に見られるような組合専用の部屋は存在しない。しかし、高橋のように専科教諭が組合の役員をしていると、専科の準備室は組合役員室と事実上兼用になる。

そんな生意気な新人でも、それを勧誘するのが高橋の役目だ。六月には県教組の定期大会があり、そこで支部ごとの勧誘成果が報告される。高橋が所属する支部の支部長佐藤はバリバリの日教組闘士で、新人勧誘にはとりわけ積極的だ。うまく山田を勧誘できれば高橋も支部での立場が良くなるし、勧誘できなかった時は居心地が悪くなる。叱られることはないが、どんな方法で勧誘したのか、学習会には誘ったか、新人なら悩んでいることがあるはずだ、その悩みに寄り添って相談にのれば組合に加入させることはそれほど難しい話ではない等々、佐藤が叱責口調で問い詰めてくるのは容易に想像できる。

※教職員組合は基本的に都道府県単位で存在し、日教組はその連合体にすぎない。県教組の下に地域ごとの支部があり、そのまた下に学校ごとの分会がある。支部には通常支部長、書記長、会計の三役がおり、かつては分会にも三役がいた。しかし、組合員が減少する現在、分会で三役を組織することは困難になっている。支部長以上の組合役員は本気で左翼運動をしているものも少なくないが、分会レベルの役員は高橋のように付き合いで就任している者がほとんどである。

しばらくすると、郵便で組合本部からのビラが届いた。市議補欠選で社民党と民主党が推薦する候補を応援しろという指令だ。いつものように教職員の人数分以上のビラが入っている。さらに駅前ビラ撒きの動員割当表が入っていた。

※日教組は社民党の候補者については筆者の知る限り全員応援している。民主党については左派と右派に分けて左派系だけを応援しているようである。組合の役員は教職員に応援ビラを撒くだけでなく、駅前などの街頭ビラ撒きや選挙中の投票依頼電話などに駆り出される。

選挙が近づくと高橋は憂鬱になる。ビラを撒いても受け取ってくれる人は一〇人に一人いればよいほうだし、投票依頼の電話などでは、いきなり電話を切られることさえある。そんなときはつくづく、民間企業に行って営業マンにならなくて良かったと思う。自分なら数ヶ月で辞めていただろう。高橋が若かった頃は平気で保護者に投票の依頼を行っていた。そして、それが問題にならなかった。今、そんなことをしたらマスコミが大騒ぎをするだろうから、県教組本部も指令しなくなった。その代わりに街頭に立ってビラを撒けという指示が増えた気がする。

※教員の地位を利用した投票依頼は違法であるが、一九七〇年代あたりまでは多くの地

域で横行していた。それがほとんど見られなくなったのは、教育委員会や警察が教員の違法行為に厳しくなったばかりではなく、教員と保護者との間に信頼関係がなくなり、保護者が教育委員会やメディアに密告するようになったからだと筆者は推測している。

だが、高橋は疑問に思う。社民党や民主党が選挙に勝てば自分達の暮らしは良くなるのだろうか。とてもそんなことは信用できない。教員の給料は毎年のように下がっているが、民主党政権ができてもそれにストップをかける様子はない。

※田中角栄が総理の時に教育職員の人材確保法を制定し、教員は一般行政職の一二〇%以上の給与を獲得した。今でも教員は同じ年齢で同じ程度の地位の地方公務員よりも給与的に恵まれているが、その差は年々縮小している。

政権が変っても生活水準は変らないかもしれない。しかし、教職員組合の組織率が上がって組合が今よりも強くなれば学校は大きく変ると高橋は信じている。定年まで何年もない彼にとって、関心は給与よりも学校運営である。高橋が教員となった三〇年前には県の教職員の半数以上が組合に加入していた。

※日教組が加入率五〇％を割ったのは一九八五年である。

あの頃は、皆生き生きとしていた。教育委員会も今ほどうるさくなかったし、学校運営も大切な問題は校長を含めて、職員会議で議論して最後は多数決によって決定していた。民主的な学校運営が生きていたのだ。

※試験の成績で採用された専門公務員に過ぎない教員による多数決など民主主義と何の関係もないが、多くの教員は何でも多数決で決めることが民主的だと本気で信じている。また、当時生き生きしていたのは組合所属の教員だけで、生徒がないがしろにされていたことは言うまでもない。

民主的な学校運営をするためには、最初が肝心だ。分会長は校長が変るたびに日教組の教職員全員を引き連れて校長室に乗り込み「校長着任交渉」を行った。そこで、「授業内容については教師の教える自由（要するに日教組が推奨する教材を使うこと）を尊重すること」「主任等に逐一仕事を命じないこと（主任教諭を実質的にヒラと同一に扱うこと）」「夏休みの自宅での研修を認めること（夏休みは全部休ませろということ）」「その他の重要事項（卒業式や入学式での日の丸掲揚・君が代斉唱など）は校長と組合が話し合って決めること」などを認めさせた。

※校長着任交渉とは、組合の言いなりになりますと校長に宣誓させることに等しい。今でも日教組系の組合が強い北海道では校長着任交渉が行われている実態を義家弘介氏が『ＷｉＬＬ』（二〇一〇年六月号）誌上で内部文書に基づき告発している。日教組の強い道県として北海道・広島・大分（Ｈ２Ｏと総称される）が挙げられ、広島・大分でも同様の実態がある可能性が大きい。

もちろん、数の力だけで管理職が言うことをきくとは限らない。先輩組合員たちは日常的に圧力をかけるのを忘れなかった。組合に反抗的な校長や教頭が新しいネクタイをしてくれれば「先生、いいネクタイしていますね」とネクタイを利用して彼らのクビを絞めたし、行事が終われば、彼らを二～三回胴上げしておいて突然地面に落とすなんて荒っぽいこともした。大学を出たばかりの高橋には子どものいじめと何一つ変らないように映ったが、先輩によれば「攻撃は最大の防御だ。これをしておかないと我々が奴らにいじめられる」ということらしかった。

※にわかに信じられないが、これは筆者が加害者から直接聞いた事実である。

今でも校長着任交渉は実施しているが、何せ組合員が二人しかいないのだから迫力がない。かといって暴力で管理職を脅せばクビになるのは目に見えている。校長も「それは組合との交渉事項ではありません。私が判断しますから」とはっきり言うようになってしまった。法律的には正しいのかもしれないが、その校長だって大抵は元組合員で一緒に着任交渉をしていたと思うと高橋は腑に落ちなかった。もちろん、組合員は減っても職員会議で皆の意見が一致しているときに、それに反対できる校長はそうそういない。

※これが、文部省が二〇〇〇年の学校教育法施行規則改正で、職員会議を校長が主宰する補助機関と位置づけた背景である。何でも多数決で決めるのが民主的という日教組的な思考に校長自身が侵されているため、放っておくと職員会議が学校の意思決定機関になってしまうのである。

翌日、高橋は市の教育委員会が主催する理科研究会で支部長の佐藤とあった。佐藤が研究会に出席するのは珍しいことだ。高橋を見かけた佐藤は珍しく上機嫌で「来年、本部の役員になることになったよ。誰も引き受け手がなくてさ。まあ、俺もあと数年のご奉公だから仕方なく引き受けたんだ」と語った。

なるほど、そういうことか。支部役員のトップとはいえ、佐藤は学校に所属し理科の授業を受け持たなければならない。しかし、本部役員になれば事実上組合の仕事一筋になるから、学校に籍をおきながら教育研究所に研修に行くという名目で一切の授業を免除される。だから挨拶がてら教育委員会に顔を出したのだろう。

※佐藤は「ヤミ専従」になったのである。ヤミ専従は決して組合単独ではできない。公

務員社会にヤミ専従が横行している場合、必ずその役所と組合の間には馴れ合いの関係が存在する。これは教員世界も含めて全ての官公庁に当てはまる事実である。

佐藤が上機嫌なのは本部役員（ヤミ専従）になり、授業から解放されるからというだけではない。ヤミ専従として本部ヒラ役員を数年務めた後、いずれ佐藤は三役（委員長・書記長・会計）に就任する。そうなれば彼は管理職と同レベルの報酬を手にすることになる。もちろん、その給料は高橋ら組合員が払う組合費の中から支出される。そう考えると一万円近い組合費を毎月払うことが急にばかばかしくなってきた。

※教職員組合に限らず多くの官公労では幹部クラスの専従職員に管理職公務員と同等の報酬を保証している。ただし、県教組幹部の給与は県教組内でまかなわれ日教組本部は関与しない。日教組には、各県の教職員が支払う月々五〇〇〇円〜一万円の組合費の中から一人につき二〇〇〇円弱が上納金として転がり込む仕掛けになっているのである。

高橋は佐藤のことが好きになれなかった。高橋の前任校は現在も佐藤が勤める学校だったのだが、佐藤はお世辞にも立派な先生ではなかった。当時、高橋は担任として高学年を受け持ち学年主任もやっていた。佐藤もベテラン教師だから学校の中心的存在として活躍しても良いはずなのに、理科専科の佐藤は理科準備室に引きこもったまま何一つ学校の雑務をやろうとしなかったのである。

※教員の仕事は一般の方が思っているよりもはるかに雑務が多い。授業や学級活動など子ども相手の仕事は約半分といっても過言ではなく、それ以外の時間は校内分掌に伴う書類仕事、研修、授業案の提出、テストの採点、保護者対応等々に忙殺されている。しかし、組合活動に熱心な教員は、これらを「雑務」と位置づけ、「本来業務ではない」と称してやろうとしないことが多い。

そのくせ、人の研究授業には口を出し、若手教師が社会科の授業などをやろうものなら「科学的視点や階級的視点が欠けている。これでは児童が主体的に歴史を学ぶことができない」などと言っては発表者を困らせていた。

※教員世界では、「研究授業」という名目で自分の授業を他の教員に見せて評価を受けることが多い。しかし、全ての教師が「研究」という名に値するような目新しい授業方法を開発できる訳も無く、新人教員の研修代わりに使われることも少なくない。

高橋が佐藤に軽蔑に近い感情を抱いたのは、その学校の人権の授業で『めぐみ』というアニメを見せようという話が起きた時である。言い出したのは教頭だった。教諭時代から組合に所属せず独自の道を歩いていた教頭は、組合からの評判は芳しくなかったが校内の人望が厚く、職員会議での提案は多くの先生達の賛同を得た。ところが、これに猛然と反対したのが佐藤だった。

※北朝鮮の日本人拉致問題を題材とした『めぐみ―引き裂かれた家族の30年』やアニメ「めぐみ」を学校で上映する県は埼玉県や新潟県などいくつか存在する。しかし、日教組系組合の幹部達はこれを妨害しようと試みている。

佐藤は、教頭を睨《にら》みつけて言った。「わが校にも在日朝鮮人の児童がいるんだ。教頭はその子たちの気持ちを考えたことがあるのか。そもそも朝鮮人を何百万人も強制連行したのは我々日本人ではないか。日本人に北朝鮮を非難する権利などないはずだ」。職員会議の場は一気に白けた。後にも先にもこれほど組合の主張を理不尽に感じたことはなかった。結局、教頭の提案を皆が受け入れてアニメは上映されたのだが、普段の人権の授業では眠たそうにしている子どもたちが目を真っ赤にして泣いていたのは感動的だった。

※日教組系組合員が上映に反対する際の根拠は、①在日朝鮮人児童がかわいそうである、②日本も過去に強制連行した、の二点である。私は、どちらも理由になっていないと思うのだが、二点目については、秘書給与の流用事件で逮捕された元社民党の辻元清美も同様の主張をしていた。

理科研究会が終わって高橋は家路についた。今日佐藤に会って、彼が本部役員になることを知り、組合を脱退したいと感じている自分を意識した。しかし、高橋にはその気持ちを実行に移す勇気はない。きっと明日も新人の山田を白々しく組合に勧誘しているのだろう。

＊　＊　＊

「日教組はかつてほど過激な左翼団体ではない」「反日的な授業をしているのはごく一部の教員である」という主張はよく聞きます。確かにそれは一面の真実です。大多数の日教組教員は高橋のように、昔は左翼的主張が正しいと思っていたが、今では何が正しいのか自信がない。しかし、なんとなく辞められないままに組合員や末端の役員を続けている。そういう人が日教組組合員二八万人の多数派でしょう。

しかし、県レベルで見れば、先に紹介した北海道・広島・大分（H_2O）では佐藤のような教員がイニシアチブを取っていますし、未《いま》だに県教委と県教組が癒着してヤミ専従が横行している自治体も皆無ではないでしょう。

さらに国民の経済的損失という面では佐藤よりも高橋の方が影響甚大です。

日教組役員には、①専従職員、②ヤミ専従職員、③学校に勤めながら組合役員をやっている教員、の三種類の人間がいます。①は日教組の組合員が支払う組合費から給与が出ているのですから勝手にすればいい。②は最も悪質ですが、数が少ないので税金の不当支出という面では大した額ではありません。一都道府県につき平均五名存在して平均給与を七〇〇万円として計算すると、日本全体で一六億四五〇〇万円（四七都道府県×五名×七〇〇万円）です。不当支出として見逃すには大きい額ですが、田舎の農道一本造れない額でもあります。

これに対して③のタイプ、今の高橋やかつての佐藤のようなタイプはどうか。雑務と言われる授業以外の仕事をせずに組合の仕事ばかりしている教職員はどの学校にも一人や二人はいます。日本には小中学校併せて三万以上の学校がありますから、少なくとも三万人の③タイプがいると考えられます（高校は日教組の組織率が低いので数に入れないこととします）。

彼らの労働力の三割が日教組のために使われているとして（かなり少なめの見積もりですが）、同様に計算すると三万×七〇〇万円×〇・三で六三〇億円ものお金が無駄に使われていることになります。

日教組の悪名は天下にとどろいています。今では日教組を称賛するメディアなど、ほとんどありません。それでも日教組の組織率は少しずつしか減りません。何故でしょうか。それは、高橋のように日教組の何がいけないのかを自覚できないからです。日教組に所属している大多数の人たちは、自分達の所属する組織の歴史も基底に流れる思想も何一つ知らないのです。

「日教組はかつてほど過激な左翼団体ではない」という一般メディアの多数説に対し、保守言論の世界では「過激な性教育」や「反日思想に彩られた歴史授業」など極端な授業を取り上げ、日教組の教員すべてがそのような授業をしているかのごとき主張をする方がいます。これらの授業は確かに日教組の体質を表してはいるのですが、現場の教員からすれば「学校現場を捻《ね》じ曲げて紹介している」ようにしか映りません。自分が見聞きしている現実とあまりにかけ離れているからです。

本書は、日教組を敵視する人だけでなく、学校教育とは縁のない方にも、日教組に所属しながら何となく時代遅れだと感じている教員にも、日教組に所属していない教員にも、わかり易く、しかし極めて本質的な部分から、なるべく客観的に日教組を分析した本です。読み終えた時、読者の皆さんが周りの誰よりも日教組に精通していることをお約束します。

第一章　「日教組」の誕生

すべては「新教育指針」から

　日教組と文部科学省は不倶戴天《ふぐたいてん》の敵同士だった、そんな物語を信じている人が少なくありませんが、戦後、教職員組合を造ったのは文部科学省の前身である文部省です。より正確にいうならば、ＧＨＱ（連合国軍総司令部）の方針に屈服し、恭順の意を表すために文部官僚が学校に教職員組合を造らせたのです。

　敗戦から一ヶ月たった一九四五年九月一五日、文部省は「新日本建設ノ教育方針」を発表し、戦争遂行のための教育を一掃して、文化国家、道義国家建設を目指すと宣言しました。しかし、この文書は極めて短い上に具体的な内容は乏しいものでした。例えば、教職員については、新しい事態に即応する教育方針を把握して教育すること、文部省は教職員の再教育を計画中であることが規定されているだけです。また、その目的は国体維持（天皇制の維持）であることが明記されており、とてもＧＨＱが納得するものではありませんでした。

「新日本建設ノ教育方針」ではお話にならない、日本国政府の自主的な判断では自分たちが求める教育改革はなされないと判断したＧＨＱは、同年一〇月二二日に「日本教育制度に対する管理政策」に関する指令、一〇月三〇日には「教員及び教育関係者の調査、除外、認可」に関する指令、一二月一五日には「国家神道、神社神道に対する政府の保証、支援、保全、監督並びに弘布の廃止」に関する指令、一二月三一日には「修身、日本歴史及び地理の停止」に関する指令を日本政府に出します。当時の日本はＧＨＱの占領下にありましたからＧＨＱの指令は日本政府の如何《いか》なる法令よりも効力的に上位にありました。

立て続けに出されたこれらの指令を「教育に関する四つの指令」と呼び、後に出される「新教育指針」とともに日本の戦後教育のあり方を決定づけます。

最初の指令により、軍事教練が廃止され、戦争協力者とされた教員やGHQに逆らう教員は罷免《ひめん》するという方針が決定され、教科書の一部が削除されました（但し教科書の削除は「新日本建設ノ教育方針」でも指示されています）。二つ目の指令には罷免すべき教員の詳細が規定されており、三つ目で神道が否定され、四つ目では修身（道徳）、日本史、地理の授業が廃止となりました。

さらにGHQは、アメリカ本国に対して教育使節団派遣を要請します。四六年三月にはJ・D・ストッダート（イリノイ大学名誉総長、ニューヨーク州教育長官）以下二七名の使節団が到着し、同月末日に「教育の地方分権化」「修身の見直し」「地理歴史における神話と客観的事実の分離」「ローマ字の使用」などを内容とする報告書を作成しました。

四つの指令と教育使節団の報告により、生半可な改革では許されないことを悟った文部省は、四七年五月一五日、「新教育指針」という教師用の手引書を新たに全国の学校に配布します。この新教育指針によってわが国の戦後教育は本格的にスタートしました。

「押し付け＝悪」の原点

新教育指針は、GHQの四つの指令と教育使節団報告書の内容を具体化するために出されたものです。この文書の「はしがき」には以下の文章が記されています。ちなみに旧仮名遣いなのは当然として、漢字の使われ方が不自然なのは難しい漢字も「非民主的」とされたからです。

「国民の再教育によつて、新しい日本を、民主的な、平和的な、文化国家として建てなほすことは、日本の教育者自身が進んではたすべきつとめである。マッカーサー司令部の政策も、この線にそつて行はれてをり、とくに教育に関する四つの指令は、日本の新教育のありかたをきめる上に、きはめて大切なものである」

GHQに命令されたからではなく、日本を民主的平和的な文化国家にすべき理念が先に存在し、GHQはその理念に沿った政策を実施しているのだという論理構造は、文部省のせめてもの意地なのでしょうか。それとも国民に占領を意識させないための方便でしょうか。

いずれにしても、新教育指針はマッカーサーの意図には沿っているけれども、それはGHQに「押し付け」られたから出された文書ではないと弁明しているのです。

新教育指針は続けて言います。

「本省（文部省）は、ここに盛られてゐる内容を、教育者におしつけようとするものではない」「むしろ教育者が、これを手がかりとして、自由に考へ、ひ判しつつ、自ら新教育の目あてを見出し、重点をとらへ、万法を工夫せられることを期待する」「かうした自主的な、協力的な態度こそ、民主教育を建設する土台となるのである」

押し付けはすべて悪という思想は戦後教育の負の側面だと思いますが、その原点はここにあります。当時の学校の体質から考えて、学校現場が文部省の文書に従わないはずがない。それをわかった上で「おしつけようとするものではない」と言って責任を逃れているわけです。この文書を真に受けて「民主主義の押し付けには従わない」と教師が意思表示したら、彼は職を失っていたでしょう。

敗戦をどう捉えたか

新教育指針は、「先づ現在の日本がどんな状態にあるかを、ありのままに知らなくてはならない。またどうしてこのやうな状態になつたかといふ原因を、すなほに反省しなくてはならない」と言い切ります。

そして「政府がポツダム宣言を受けいれ、れん合国の要求するままにまかせることによつて、日本はこれまで経験したことのない状態」になったと嘆きます。でも、「日本が経験してゐる多くの苦しみ」は「この宣言を受けいれたことから生ずる当然の結果」なのです。そして、「日本が戦争をする力を全く失ひ、その上、国民の自由な意思にしたがつて、平和的な、かつ責任ある政府ができるまで、連合国軍は日本をせんりやうしてゐる」のだという認識を示します。

ですから、日本から「軍国主義や極端な国家主義が取り除かれて、戦争をひき起こすおそれがなくなり」、民主的手続きを踏んだ「政府が国民に対しても世界の国々に対しても責任をもつて、ほんたうに平和を愛し、文化をたかめる方針で政治を行ふことになれば」、「れん合国軍は日本から引き上げ、日本は完全な独立国家として、世界の国々と平等につき合つてゆける」というのが新教育指針の見解でした。

つまり、連合国軍が占領しているのは、未だ軍国主義や極端な国家主義がはびこっているからであって、戦争する力が完全になくなれば独立できるのである、現在はその過渡期の状態だ、という訳です。

文部省の驚くべき日本人観

では、なぜそのような状態になってしまったのでしょうか。それは日本が様々な点で劣っていたからであり、教育者たるもの、そのことをしっかりと認識しておかねばならないと新教育指針は主張します。以下がその要点です。

①日本はまだ十分に新しくなりきれず、旧いものがのこつてゐる。

日本の近代化は中途半端であり、日本人は近代精神の理解が浅い。それにもかかわらず、戦争前の日本人は、すでに西洋文化と同じ高さに達したと思い込み、それどころか、精神面において自分達の方が西洋人よりも優れていると思う人々さえいた。こういった誤った考えを持った者が指導者になったことが現在の状態の原因である。

②日本国民は人間性・人格・個性を十分に尊重しない。

例えば封建時代は将軍、藩主、武士、百姓町人というように上下の関係がきびしく守られていた。だから下の者は人間性を十分にのばすことができずに、人格や個性が尊重されなかった。それが近代になっても残っている。日本的上下関係は改めるべきである。

③日本国民はひはん的精神にとぼしく権威にもう従しやすい。

日本国民は長い間の封建制度が災いして「長いものには巻かれよ」という屈辱的態度に慣らされてきた。政府は拷問を行い、国民は政治を批判する力を失い「お上」の命令に文句無く従うようになった。このような態度が無意味な戦争の起こることを防げなかった理由である。教育においても、教師が教えるところに生徒が無批判に従うのではなく、生徒自身が判断し、自由な意思をもって自ら真実と信じる道を進むようにしつけることが大切である。

④日本国民は合理的精神にとぼしく科学的水準が低い。

批判的精神に欠け権威に盲従する日本国民は、合理的精神がとぼしく科学的な能力が低い。歴史教科書には神話が歴史的事実であるかのように記されていたのに、生徒はそれを疑うことがなかった。尺貫法のような古い因習が残っているのも、難しい漢字を使う人がいるのも、社会を合理化する力が乏しいからだ。軍国主義や極端な国家主義は日本国民のこうした弱点につけこんで行われた。

⑤日本国民はひとりよがりで、おほらかな態度が少い。

日本国民は、封建的な心持を捨てきれず上にへつらい下にいばるのが常である。また、自分とちがった意見や信仰を受けいれる態度も持たなかった。それが不当な優越感を生む結果となった。

今時日本人をここまで悪《あ》し様に言うのは、時代についていけないオールド左派か、中国や韓国のネット中毒者か、北朝鮮の国営放送くらいでしょう。しかし、当時は文部省がこんな日本人観を提示した上で、日本が民主主義国家になるためには、①から⑤に記された日本人の弱点を教師がよく認識したうえで是正しなければならないと訴えたのです。

民主的修養としての組合のすすめ

新教育指針はさらに続けて、以下のような教育環境が民主主義を実現すると説きます。

①教育制度を民主化すること

具体的には六ヶ年しか無かった義務教育を伸ばすこと、男女共学にすること、私学を助成すること、育英制度を充実させることが重要である。

②教育の内容に民主主義を取りいれること
　民主主義の思想を教えるだけでなく、生徒の学校生活で民主主義を実行させることが大切である。そうすることによって日本の教育は明るいもの、なごやかなもの、万国の人々から愛されるものとなる。

③生徒の人格を平等に尊重し、個性に応ずる教育を行ふこと
　教師は生徒を自由と責任をもった人間として、育て上げなければならない。また、教師はすべての生徒を公平に尊重し教育しなければならない。ただし、個性を無視して形式的に平等に扱うのではなく、個性ある人間として適切な教育をするのが民主的教育である。

④自主的・協同的な生活及び学習を訓練すること
　単純に学校経営に父兄や生徒を参加させるのではなく、事柄の性質によって、教師が主となるべきものと、教師・父兄・生徒が同等の立場で相談すべきものと、生徒が主となるべきものを分けて、それぞれ適切に処理すること。

⑤教師自身が民主的な修養を積むこと

学校経営において、校長や二、三の職員が決めるのではなく、すべての職員が参加して、自由に十分に意見を述べ協議したうえで事をきめること。そして全職員がこの共同の決定にしたがい、各々の受け持つべき責任を果たすこと。また、教職員組合を造ることも教師の民主的修養にとっては重要である。さらに、教師といえども政治に関心をもつべきであり、偏らぬ立場にありながら、諸政党の動きには十分注意をはらい、よいことはよい悪いことは悪いとする有力な意見を述べ、政治を正しい方向に指導しなければならない。教員組合がこうした意味で勢力を増してゆくことが健全な発達であって、それはただ教育者だけの幸福ではなく、国家のために大きな奉仕をすることになる。

以上が、文部省から出された新教育指針の概略です。

教職員組合の爆発的拡大の果てに

新教育指針が出される前に教職員組合が無かったわけではありません。一九四五年一二月一日に共産党系の全日本教員組合が、その翌日一二月二日には社会党系の日本教育者組合が結成されてはいました。しかし、その勢力は極めて小さなもので、結成大会の参加者は、全日本教員組合が一五〇人、日本教育者組合は六〇人しかいませんでした。その後、地方レベルでも教職員組合が結成されましたが大規模ではありませんでした。

ところが、GHQの指令が続々と出される中で、組合に加入する教員は爆発的に増加します。共産党系の流れをくむ日本教育労働組合と校長も参加する非共産党系の教員組合全国連盟には、ともに約一三万人の教員が参加していたと言われています（戦争直後は組合が離合集散し名前もころころ変ります）。

前年に一五〇人や六〇人で結成大会を開いた教職員組合が、離合集散しながらもたった一年で二組合を併せると二六万人もの数に膨れ上がったのですから、いかに当時の教職員組合に勢いがあったのかわかるというものです。日本教育労働組合は、その後も一九四六年一〇月一八日に最低生活獲得全国教員組合（傘下《さんか》組合員約三〇万人）、一二月二二日に全日本教員組合協議会（傘下組合員約三三万人）と名称を変えながら拡大を続けます。

文部省も過半数の教員を傘下におさめた全日本教員組合協議会を無視することはできず、この組織を相手として労働協約を締結することを約束します。一九四七年三月八日に初めて結ばれた文部省と教職員組合の労働協約には、

「授業時間担当は一日四時間を基準とする」

「生理休暇は三日、産前産後の休暇は前後を通じて十六週間とする」

「一年二十日の自由研究日を設ける」

といった労働条件に加えて、

「争議中または争議発生のおそれがある場合、組合の運動に対抗する処置を業務命令で行ってはならない」

「組合員の政治活動に妨害をあたえない」

という、今の日教組幹部が見たら泣いて喜ぶような文言が盛り込まれていました。

全日本教員組合協議会の実権は、組織拡大によって共産党系から非共産党系へ移りました。そうなると教職員組合が、全日本教員組合協議会と教員組合全国連盟の二つに割

れる意義は失われます。そこで、両組織に高等教育の教員で組織されていた大学高専協を加えて合同促進委員会が組織され、ついに一九四七年六月八日、奈良県橿原《かしはら》建国会館野外講堂において日本教職員組合（日教組）の結成大会がひらかれました。

この大会には全国四三都道府県から八四五人の代議員（各都道府県の代表者）が参加したほかに約一万人の傍聴者が集まりました。

さらには、聾啞《ろうあ》学校や盲学校、幼稚園の教職員もここに合流し、それぞれ日教組特殊学級部・日教組幼稚園部を組織しました。また女性教員たちは、別に婦人部を形成して「婦人の解放は経済の独立から」「いっさいの男女差別待遇の撤廃」など独自のスローガンを掲げました。男性教員は自分の勤める学校の種類に応じて一つの部にしか所属できないのに、女性教員は男性教員と同じ部に加え女性部に所属するわけですから「権利の二重行使」といえなくもありません。実際GHQはそのように考えていたようです。

しかし、日本の女性教員たちはGHQには一切逆らえない日本男児と異なって、彼らを恐れることなく婦人部を維持しつづけました。あっぱれです。

さて、ここまで新教育指針から日教組誕生までをざっくりと眺めてきました。これにより「日教組とはまさに戦後民主教育の申し子である」という歴史的事実がはっきりと浮かび上がったのではないかと思います。

「日教組は子どもたちに自虐史観を押し付けるからけしからん」という人がいます。とんでもない。封建時代にまでさかのぼって日本を断罪し、日本人は劣っているから教師はそれを自覚して生徒を導かなければならないと言い出したのは文部省です。日教組教員は文部省から手渡された「新教育指針」という手引書によって誕生し、その手引書の教えを愚直に守ってきたに過ぎません。

「先生は聖職者だ。それを労働者とする日教組はけしからん」という人がいます。お門違いです。批判したいのならば、教職員組合と労働協約を結んだ文部省をまず批判すべきでしょう。労働協約を結んだ教員が自分達は労働者だと考えたとして、どこに問題があるのでしょうか。

「日教組は教育をそっちのけにして政治活動をするからけしからん」という人がいます。八つ当たりです。新教育指針には、教師は政治を正しい方向に指導しろと書いてあります（私は日教組の方向が正しいとはまったく思いませんが、それは主観にすぎません）。それに文部省と教職員組合が最初に結んだ労働協約には「組合員の政治活動に妨害をあたえない」と書いてあります。後になって協約を反古《ほご》にして政治活動の自由を奪ったのは政府や地方自治体の方です。

「日教組が体罰を禁止したから子どもがダメになった」という人がいます。ウソです。次の章で詳述しますが、体罰は戦前から法律で禁止されていました。実際には体罰が横行していましたが、それは日教組の教員も同じです。彼らは戦後の一時期まで法を犯し、ビシビシと体罰に励んでいました。

多くの日教組批判は言いがかりです。日教組は、少なくとも外見上は戦後民主教育を当初の形どおり行ってきたに過ぎません（幹部の本音が別のところにあったという話も次章でします）。ですから、日教組を批判したいのであれば、戦後民主教育も同時に批判すべきなのです。

では、戦後民主教育を推進してきたのは誰か。それは戦後ほぼ一貫して政権を担ってきた自民党とその前身政党です。あるいは文部省（後に文部科学省）です。彼らを批判せずに日教組だけを批判するのは、不公平というものです。

この問題は極めて重要な問題なので、第四章「『戦犯』としての日教組」で詳述します。ここでは、日教組は戦後民主教育の一環として誕生し、表面上は、それをほぼ愚直に推進してきただけの団体であるというところを押さえておきたいと思います。

所業① 一九四七年「六・三制完全実施」

さて、一九四七年六月に誕生した日教組は、その後どのような活動をしてきたのでしょう。重要な活動は別の章で詳しく見るとして、ここでは時系列に従って概観しておきましょう。

小学校六年・中学校三年という現在の義務教育制度は、日教組の誕生と同じ一九四七年にスタートしました。ところが、中学校には校舎が足りません。当時の日教組の調査によると独立した校舎をもつ中学校は一五％に過ぎませんでした。そのため小学校に同居したり、二部授業や三部授業を行ったり、もっと悲惨なのは馬小屋を教室に転用して授業を行っていた学校までありました。

このような状況を正せ。政府はちゃんと教育予算をつけて六・三制を機能させろ。それが日教組の最初の要求でした。日教組の要求は国民の願いと一致していました。翌年の教育委員会選挙（教育委員は一九五六年に改正されるまで公選制でした）において都道府県教育委員定数二七〇人に対して日教組推薦の現職教職員が九五人も当選した事実は、この時期の日教組がいかに国民から支持されていたかを雄弁に物語っています。

所業② 一九四九年「レッドパージ反対」声明

一九四九年の中華人民共和国の誕生に危機感を覚えたGHQは、共産党を目の敵にするようになります。そもそも獄中にいた共産党員を釈放して彼らを軍国主義と戦ったヒーローにしたのはGHQですが、この時期になると戦略ミスに気づいて急激に方向転換します。GHQ自身の指令としてではなく、政府に、共産党員とその同調者の教職員を追放するよう口頭で指示を出しました。政府は直ちに全国教育長会議を開催し、GHQの意向だからすぐに処置するようにと各都道府県に伝えました。このレッドパージで追放された教員は一七〇〇人程度と言われています（この数が多いのか少ないのかは微妙なところです。実数は決して少なくありませんが、戦争直後に戦争協力者として公職追放された教員数の一〇分の一に過ぎません）。

日教組は反対声明を出し、文部大臣に抗議しましたがそれ以上のことはしませんでした。ＧＨＱには誰も逆らえないといったそんな空気の中、高知県教育委員会は「県民によって選出されたわれわれが、外国指令で日本人の首を切るなど売国的な行為はできない」として、一切の首切りを拒否しました。

本当に勇気ある人というのはこういう人たちのことを言うのだと思います。

所業③　一九五一年「教え子を再び戦場に送るな」

一九五〇年六月に朝鮮戦争が勃発したことを契機にして、ＧＨＱは翌月に警察予備隊の創設を指示します。また、一九五一年にサンフランシスコ講和条約が結ばれて日本が独立を回復すると政府からは戦後民主教育を見直そうという動きが出てきました。

これに対し、日教組は戦後民主教育を守る合言葉として「教え子を再び戦場に送るな」というスローガンを採択します。さらに、このスローガンを実りあるものにするためには、「戦争に行きたくない」という子どもを育てる教育方法を確立する必要があると考え、第一回全国教育研究大会を開きます。大会では一一の分科会が催され、平和教育を扱った分科会では、赤十字運動やユネスコ運動、国連に対する理解を深めることで平和を守る子供を育てようという意見が出され、教育の力で戦争を喜ぶ人間をなくし、人種的偏見を取り除き、平和のための歴史を教えることで平和は守られるという結論に落ち着きました。この大会は、その後「教育研究全国集会（略称・教研集会）」と名称を変え、日教組最大のイベントとして毎年開催されることとなりました。

所業④　一九五三年〜五五年「偏向教育批判」批判

一九五三年に山口県教組が平和教育の自主教材として編集・発行した『小学生日記』『中学生日記』の欄外の記述が偏向していると保護者が訴えて、社会問題になりました。問題となった記述は、第二章で詳述する日教組幹部＝共産主義者という見方の有力な証拠なので一部分を紹介します。

「ソ連とはどんな国か　『ソ連』というのは『ソビエト社会主義共和国連邦』の中から二字をとったので『ソビエト』と言う意味は、『会議』ということで、いっさいの政治は『会議』によってきめるということです。『社会主義』というのは、労働者と農民の幸福を第一とする主義なのです。工場を持っている資本家が、安いお金で労働者を使って自分のふところをこやしたり、安い米のねだんにして農民を苦しめたりしている『資本主義』とは反対です。(ソ連では) 土地・鉱山・工場・森林などをすべて人民ぜんたいのものとして、産業はすべて国営です。個人が自由に土地や工場をもって利益をわがものにすることは許されません。アメリカや日本の『資本主義国』とどこがちがうか、どこがよいかしらべてみて下さい」

その他にも、悪辣《あくらつ》な韓国とアメリカに攻められていた北朝鮮がついに反撃に出たのが朝鮮戦争の始まりであるといった事実に反する話、(当時保守政治家が主張していた) 軍備戸締り論はソ連を泥棒に例えた話だが実際に日本を占領しているのはアメリカであり、これではどちらが泥棒かわからないという話など、刺激的な文章の載っている日記を補助教材として山口県教組が小中学生に買わせていたのです。
問題になった両日記は直ちに回収されましたが、これがきっかけとなり日教組の平和教育が偏向しているという批判が高まりました。日教組に対する世間の目も徐々に厳しくなっていきます。五四年には全国で繰り広げられている二四の典型的な偏向教育事例が文部省から発表され、五五年には教科書が偏向していることが問題とされました（これら一連の動きの中で、教師の政治的中立を義務付ける法律が可決されました）。
これに対して日教組は文部省内で二日間座り込むなどの反対運動を行いましたが、目に見える成果はあがりませんでした。

所業⑤　一九五六年〜五九年「勤評闘争」

日教組の歴史の中で最も激しい運動が、勤務評定の実施に反対した「勤評闘争」です。一九五〇年に成立した地方公務員法は任命権者による勤務評定の実施を義務付けていましたが、全国の教育委員会は教員の勤務は評定になじまないとして実施していませんでした。ところが、一九五六年に愛媛県教育委員会が県下市町村の教育委員会に勤務評定の実施を厳命したことで闘争の引き金が引かれます。翌年には勤務評定の実施が全国化し、教員だけでなく、児童生徒や保護者、さらには地域住民まで巻き込んだ大闘争に発展しました。日教組側の言い分は、当初は教職員だけの視点からの「差別昇給反対」でしたが、大衆運動に発展させることを意図して「教育の権力支配のための勤評」に反対するというように変化していきました。

違法なストライキがうたれて、約六万人の教職員が何らかの処分を受けます。勤評闘争に対する世間の評価は分かれ、この争いが日教組の組織率が低下するきっかけとなりました。ちなみに、文部省が日教組の組織率を調査しはじめたのは、闘争真っ最中の一九五八年からです（五八年当時の組織率は八六・三％）。

闘争の結果は痛み分けでした。とにもかくにもほとんどの自治体で勤務評定は行われるようになったので、名目上は自民党・文部省が勝ったといえるでしょう。しかし、勤務評定規則が制定されたものの、昇給や昇進には何の影響も受けない自治体がほとんどでした。特異な例は北海道で、北海道教育委員会と北教組は「勤評を実施するかどうかを含めて長期の検討が必要」という確認を行い、二〇〇八年まで勤評の実施を見送りました。ですから、実態としてはむしろ日教組の言い分が通ったと言うべきでしょう。ただし、日教組側も傷は大きく、多数の脱退者が出ただけでなく、地域社会から学校が孤立するところも少なからず生まれました。

所業⑥　一九五九年〜六〇年代「高校全入運動」

勤評闘争によって世論を味方につけることの大切さを知った日教組が次に取り組んだのは高校全入運動でした。この運動が始まった一九五九年当時は、団塊の世代が中学生になり始めた頃ですから、このままいけば彼らの中から高校生になれない者が大量に出ることは誰の目にも明らかでした。

そこで、日教組は「すべての青年に完全な後期中等教育を」と主張し世間の支持を得ることに成功します。とりわけ母親たちの関心は高く、六一年には日本母親大会なるものが開催され「高校希望者全入」を政府に求めていくことが決議されます。翌年には日教組や日本母親大会連絡会に加えて総評や農民団体など全一七団体が結集して「義務教育無償・すしづめ解消・高校増設・高校全入問題全国協議会」（全入全協）が組織されました。

文部省は、青少年の適性・能力は多様であり全員が高校に進学する必要はないというスタンスを崩しませんでしたが、高校進学希望者は文部省の予測を大きく上回って増え続け、高校増設に方針転換せざるを得ませんでした。

名目上は高校全入にはなりませんでしたが、高校は皆が行くものという常識が定着し各都道府県も住民の要望に応えざるを得なくなったのですから、この闘争も実質的に日教組が勝利したと言えるでしょう。

所業⑦　一九六一年「学力テスト」反対運動

高校全入運動で国民の支持を得た日教組は戦線を拡大し、六一年に文部省が実施した「中学生生徒全国一斉学力テスト」の反対運動を展開します。文部省は五六年から小・中・高等学校の児童生徒を対象に抽出して学力テストを実施していましたが、六一年に導入したテストは全員が試験を受ける悉皆《しっかい》方式でした。

日教組は、高校は無試験で全入になるのが良いと主張していたくらいですから、もちろん中学生全員にテストを受けさせることに反対しました。初年度の六一年には学校をあげたテストのボイコットや、中学生を巻き込んだ白紙答案提出戦術などが行われましたが、翌年からは戦術を転換します。

当時はこのテストの成績の良い県は大企業を誘致しやすいという噂があり、一部の地方では平均点を上げるために、成績の悪い子を当日休ませる、カンニングを黙認するなど非教育的な行動を行っていました。毎日新聞は「教育の森」という特集を四〇回にわたり連載してこの実態を暴き、全国に情報発信しました。

これにより、「こんな酷《ひど》いテストは止めさせるべきだ」という世論が広がります。全国規模の学力テストは六五年には抽出テストにもどり、六六年にはそれも三年に一度ということになり、六九年には完全に中止されました。まさに日教組の完勝、文部省の完敗です。

ただし、六一年に旭川で起きた事件については、さすがに政府も折れるわけにはいかず裁判は続行しました。これは、日教組本部から特別指令を受けた北海道の教員が、学力テストを阻止するためにテスト中の旭川市立永山中学校に日教組シンパの保護者を伴って侵入し、校長に暴行を加えた事件です。日教組は、学力テストはそもそも違法なのだから、それを暴力で阻止した教員や保護者は無罪だと主張しましたが、最終的に七六年の最高裁判決により公務執行妨害罪が認められ政府勝訴で終わりました。

所業⑧　一九七三年「主任制度」反対運動

一九七〇年代に入って、日教組がもっとも積極的に取り組んだのは主任制度反対運動でした。教務主任、学年主任、生徒指導主任などは以前から学校にいましたが、これらは校長や教頭のように身分ではなく、主任になっても給料は変らないし、教育委員会に任命されるわけでもないのです。順番で主任をする、若手教員に主任をやらせるといった学校も存在しました。

ところが、一九七一年六月の中央教育審議会（中教審）は「校長を助けて校務を分担する教頭・教務主任・学年主任・教科主任・生徒指導主任などの管理上、指導上の職制を確立しなければならない」という答申を出し、しかも中間管理職（最終的には「管理職」ではなく「指導職」とされる）としての「主任」については、「高い専門性と管理指導上の責任に対応するじゅうぶんな給与が受けられるように給与体系を改めること」を提言しました。

そして、一九七五年に主任制度実現にむけて、教育学者だった永井道雄文相が文部省令を制定して主任設置を義務付けました。といっても教員は地方公務員ですから、最終的には省令をもとに自治体が規則を変えなければ実現しません。文部省令が制定されてかえって主任制度反対闘争は激しくなっていきます。

多くの県教組がとった戦略は制度の空洞化でした。主任を任命制にすると省令で決まれば、自治体レベルでこれに逆らうのは困難です。だったら、先に職場で主任を選んで、その人を主任に任命するように働きかければよいと考えたのです。また、お金の面でも主任は「管理職」ではなく「指導職」と位置づけられたので、給料は他の教員と変らず月数千円程度の手当が出るだけでした。その手当を一旦主任に受領させて組合に拠出させるという戦術に出たのです。

一九七五年前後の日教組の組織率は五〇％台に落ち込んでいましたが、主任手当拠出戦術は見事に成功し、組合員はもちろんほとんどの非組合員も日教組に協力しました。なぜ非組合員までが主任手当を拠出したのか。拠出された主任手当をプールして、一部を組合の運営資金や政治資金に使い、残りを教材教具の購入資金や映画上映など文化事業にも使ったからです。そうなると、主任手当を拠出しない先生は、教材教具をタダで使い映画をタダで見ることに罪悪感を覚え、大した額ではないからと手当を拠出するようになるのです。

かくして、六〇年代の学力テストに続き七〇年代の主任制度を巡る争いも日教組の実質的な勝利に終わりました。

中曽根臨教審に翻弄される日教組

成立から七〇年代までの日教組の戦いぶりを概観しましたが、日教組がいかに手ごわいかが判ると思います。とりわけ勤評闘争以降は戦術が高度化し、実質的には日教組の連戦連勝が続くようになりました（第四章で述べますが、その理由は日教組が強かっただけでなく、自民党が日教組となれあっていたのだと筆者は推測しています）。

この状況に本格的にメスを入れたのが中曽根総理（当時）でした。

何故、文部省は日教組に負け続けるのか？　それは日教組・学校管理職・教育委員会・文部省・教育学者という教育一家の中だけで闘っているからである。

中曽根氏はそのように考えたのでしょう。それまでの中央教育審議会（文部大臣の諮問機関）とは別に「戦後教育の総決算」を目指して、臨時教育審議会（総理大臣直属の諮問機関）を発足させました。

臨教審は明確な新自由主義路線で、それまでの中教審とは一線を画しており、臨教審の委員の中には故香山健一氏のように文部省の役人を専門バカと批判する人まで存在しました。

一九八四年に発足した臨教審が一九八七年八月までに出した答申の柱は、①子どもの興味・関心・能力に応じた「個性重視の教育」、②受験勉強の背景にある学歴社会の弊害を改めるための、教育の「生涯学習体系への移行」、③国際化・情報化など「社会の変化への対応」でした。

二言目には「教育の反動化」と主張し、闘争の最終段階では名目的勝利を文部省に譲って実質は骨抜きにするという日教組の戦術は中曽根臨教審には通用しませんでした。中曽根内閣の後を継いだ竹下内閣は、臨教審答申を具現化すべく日教組の反対を押し切って、①国立学校設置法改正（総合研究大学院の設置）、②教育公務員特例法改正（新任教員に対する一年間の研修義務付け、条件付採用期間の延長）、③学校教育法改正（定時制高校を四年から三年以上へ）、④教職員免許法改正（教員普通免許を「専修」「一種」「二種」に分ける）の四つの法案を通します。

臨教審による教育改革は、枠組みそのものの変更だったために、日教組が得意な、都道府県や学校現場の問題に持ち込んで教育委員会や校長を抱きこむ戦術も使えませんでした。この改革が「ゆとり教育」「大学院重視大学」「不適格教員の解雇」など二一世紀の教育路線へとつながっていくことになります。

内部対立から分裂へ

臨教審に翻弄されて弱体化しはじめた日教組は、一九八〇年代後半から始まった労働組合再編により決定的な打撃を受けます。

一九八〇年代半ばまで日本の労働組合は、日本労働組合総評議会（総評）、全日本労働総同盟（同盟）、全国産業別労働組合連合（新産別）、中立労働組合連絡会議（中立労連）の大きく四つに分かれていました。それが九〇年代を前にして統一の機運が生まれ、紆余《うよ》曲折を経て労働組合員八〇〇万人を擁する巨大な労働団体＝日本労働組合総連合会（連合）が誕生します。

日教組にはもともと社会党右派系、社会党左派系、共産党系の三つどもえの内部対立が存在しましたが、連合への加盟を巡ってそれがいっきに表面化します。加盟に積極的な社会党右派、消極的な社会党左派、断固反対の共産党が一歩も譲らず、八六年九月に予定されていた定期大会は延期されます。その後、八七年の一一月に社会党左右両派が和解するまで三派のにらみ合いは続きました。これを日教組の四〇〇日抗争と呼びます。最終的には社会党左派が右派に屈服し、一九八九年の第六八回定期大会において連合に加盟することが決定します。共産党系の県教組はこの大会をボイコットし、日教組とは別の全日本教職員組合（全教）を結成することになりました。

文部省との和解

一九八〇年代中盤に五〇％を割り込んだ日教組の加入率は、分裂によりさらに低下し三〇％台半ばまで落ち込みました。新規採用教員の加入率はさらに低く二〇％前後となり、それが今日まで続いています。

そんな凋落《ちょうらく》する日教組が一瞬だけ輝いた時期がありました。それが一九九四年に誕生した村山政権時代です。中央政界で長年戦ってきた（私は見せかけの戦いだと思っています が）自民党と社会党が連立政権を組んだのですから、文部省と日教組もいつまでもいがみ合うわけにはいきません。

日教組は文部省に協力すべく、それまで否定してきた学習指導要領や初任者研修を認める方向へと舵を切り、メディアはこれを歴史的和解と評しました。その後、自民党と社会党は決別しますが、文部科学省と日教組は手を携えて「ゆとり教育」を推進することになります。

興味深いのは、文部科学省のスポークスマン寺脇研氏はゆとり教育のはじまりは臨教審にあるといい、ミスター日教組槇枝元文氏は日教組がゆとり教育をはじめたと主張している点です。この槇枝元文氏については次の章でも紹介しますが、最も尊敬する人物として北朝鮮の故金日成氏をあげ、一九九一年には北朝鮮から親善勲章第一級を授与されており、日教組を象徴している人物と言っても過言ではないでしょう。文部科学省と日教組が協力補完する関係になっても、どちらが元祖かを争うのはかつてのライバル意識の現われでしょうか。

「わが世の春」到来

村山内閣誕生による歴史的和解がなされた段階では、文部省が主で日教組が従の力関係でした。これは村山内閣での自民党と社会党の力関係を反映したものです。社会党は首相を出しながらも、安全保障という根本政策において完全に方針転換しました。それと同様、文部省と日教組においても日教組が「これからは何でも反対という姿勢を改める」と一方的に方向転換した印象が強かったように思えます。

しかし、二〇〇九年の民主党政権誕生によって、両者の関係は完全に逆転したようです。日教組は公式にはほとんど動いていないにもかかわらず文部科学省の方から、予算要求の段階で全国学力テストを悉皆方式（全員受験）からサンプリング方式に変更すると、日教組に歩み寄る姿勢を明確にしています。

権力になびくのは役人の習性ですから、文部科学省の方針転換を非難するのは酷かもしれません。むしろ日教組出身で小沢一郎側近の参議院議員会長輿石東氏が「教育の政治的中立はありえない」と発言する状況下で、先手を打って四割のサンプリングが必要だと言い張り、世論の風向きが変わればいつでも悉皆調査の予算を復活できるように留めた文部官僚の行政手腕をほめるべきでしょう。その後、行政刷新会議の仕分け作業によって、さらに少ないサンプリングにされてしまいましたが……。

教育基本法を改正した安倍総理（当時）が、不適格教員の排除を目指して導入した教員免許更新制もあっさりと反古になってしまいました。

いずれにしても、現在は、一九六〇年代～七〇年代にかけて「学力テスト反対」「主任制度骨抜き」など自民党・文部省に連戦連勝した日教組黄金時代に続く、二回目の日教組黄金期が到来したのです。そのことが国民にどのような影響を与えるのか、それを次章以下で探ることにしましょう。

第二章 「教団」としての日教組

なぜ教師が「聖職者」なのか

主任制度を巡って日教組が自民党と争っていた一九七〇年代、それとは別の理念闘争がありました。時の総理、田中角栄の発言が発端となり教師が聖職者か否かを巡って論争が起きたのです。

聖職者とは元来、僧侶や神主、神父など神仏に仕える人を指す言葉ですから、中世ヨーロッパの神学校や、僧侶が運営する文字通りの「寺子屋」ならいざ知らず、教師が厳密な意味での聖職者のわけがありません。

しかし、戦前の日本において教師は明らかに聖職者でした。それについては、教師聖職者論を真っ向から否定した日教組自身が認めているところです。

『日教組60年』（日本教職員組合、二〇〇七年）は戦前の教師について「教職員は、天皇＝神に仕える身として『聖職者』とされた」と記しています。日本の教員の社会的地位は先進国の中では今でもかなり高いと言われていますが、その基礎になったのが彼らの「聖職者」性にあったことは容易に想像できるところです。

戦前の学校では御真影（天皇の写真）と教育勅語が奉安所という特別の場所に納められ、四大節（元旦、紀元節＝現在の建国記念日、天長節＝昭和天皇の誕生日で現在の昭和の日、明治節＝明治天皇の誕生日で現在の文化の日）の時だけそれを取り出して講堂の正面に飾り、教職員と児童生徒がこれに礼拝しました。礼拝の後は校長が教育勅語を奉読し、児童生徒は頭を垂れて聴くのが慣わしでした。

御真影はただの写真ですが、天皇＝神の写真ですから神社における「ご神体」のような扱いを受けていました。使用しない時には奉安所という特別の場所を用意していたことが何よりその証拠です。奉安所は、木造二階建て校舎の場合、一階にあると御真影の上を子どもたちが走り回るのは不敬であるという理由で、大抵は二階の一室があてがわれていました。

さらに、御真影がご神体＝神様の分身のごとき扱いを受けていたためにこんな事件も起きました。長野のある学校で校舎が火事になり、御真影が焼けるのを防ぐために二階の奉安所に取りに戻った校長が焼死したのです。

写真一枚のために校長が燃え盛る校舎に命がけで入るという感覚は現在の我々には理解できませんが、当時は御真影にシミがついても校長が始末書を県に提出しなければならない時代です。シミひとつで始末書ですから、火事で焼失となれば校長の首が飛びかねません。とすれば、御真影を救出しに炎の中に入っていったとしても不思議ではないのです。

この痛ましい事件は全国に報道されました。各新聞は美談として扱い、文部省や学校を非難する論調はありませんでしたが、さすがに人が死んでいるのですから放置はできません。それ以降、奉安所ではなく校舎から少し離れた場所に奉安殿という建物（といっても大抵は小さなものですが）が建てられ、御真影と教育勅語はそこに納めることになりました。合理的に考えれば「火事の際に御真影を取りに戻る必要はない」と文部省が通知すればよいだけのことです。しかし、御真影＝ご神体と考えれば答えは違ってきます。

奉安殿はどの学校にも次々と建てられ、一九四〇年代にはほとんどの学校がこの建物を有していたようです。しかし歴史とは皮肉なもので、日米戦争の戦火が都市部に迫ってくると奉安殿だけでは御真影を守ることができなくなってきます。学童疎開のように御真影を疎開させる学校も出てきました。そして、敗戦により多くの奉安殿は取り壊されたのです。

さて、御真影はどうなったのでしょうか。実はこっそりと焼却処分にされていたのです。さすがにこのことは大々的には報道されませんでしたが、焼却処分に立ち会った教員の証言により明らかになっています。

戦前における天皇は単なる国家元首ではありません。同時に神でもあるのです。思うに教師たちにとって、天皇は前者よりも後者の色彩の方が強かったのではないでしょうか。天皇を国家元首と捉えるとき、教師は権力機構の末端である市町村のそのまた出先機関の職員に過ぎません（戦前の義務教育は小学校だけで、かつ小学校教員は「訓導」と呼ばれ市町村職員でした）。しかし、天皇を神と捉えるならば、教師には神のありがたさを民に直接示す聖職者の地位が付与されます。

当時の教師の社会的地位は今以上に高いものでしたが、さりとて社会のエリートに位置づけられるほどでもありませんでした。戦前の日本社会は複線型の学歴構造を有しており、義務教育としての尋常小学校を終えたものは、そのまま就職する者、高等小学校に進学する者、中学校に進学する者に分かれました。

もちろん、断トツのエリートコースは中学校進学です。ただ、中学校に進学するためには勉強ができるだけでなく親の経済力も必要でした。ですから勉強はできても庶民の子どもの多くは高等小学校に進学します。

そして高等小学校から師範学校予科、師範学校と進んだものが教師になるのです。中学から予科を経ずに師範学校に進学する道もありましたが、中学校卒業生の進路先として師範学校は名誉あるものではなかったようです。

このような、教師の微妙な社会的地位を政治学者の丸山真男は、町工場の親方や商店主、村役場の吏員や神主・僧侶などと一括《ひとくく》りにして「擬似インテリゲンチャ」と呼びました。本当のインテリ（丸山は大学教授や弁護士、ジャーナリストに加えて都市のサラリーマン層もこちらにグルーピングしています）は、戦前の社会に対して影響力を持たなかったのに対し、擬似インテリゲンチャたちは地域社会に多大な影響力を持っており戦前の日本をファシズムに導いたのはこれらの階層である、というのが丸山の見立てです。

ファシズムの責任を誰に負わせるかは別にして、「擬似インテリゲンチャ」というのは教師の立ち位置をうまく表していると思います。では教師は何故「擬似インテリゲンチャ」として地域社会で影響力を持てたのか。工場主や商店主のような経済力も、村役場の吏員のような権力もない彼らが影響力を持てた理由。それは教師が神主や僧侶と同じく聖職者だったからです。

戦後民主主義の布教者

敗戦は、日本人の誰にとっても大変な事件でしたが、とりわけ教師にとっては聖職者としての権威を地に落としかねない大事件でした。このあたりの空気を当時中学校教員だった方の自分史から拾ってみましょう。

「私は八月三十一日に召集を解除され、翌日九月一日始業式に出る。シャツもズボンもつぎはぎだらけの戦地の兵服を着て帰ったのだが、講堂での生徒への挨拶があるため将校服を着、軍刀をさげて出かける。校門をくぐって驚いた。ご真影奉安殿の前後の校庭は耕されて七、八坪の長方形の畑に区画されている。食料不足のため校長以下教職員が野菜やジャガイモを作っていたのだ。／私は講壇にあがって今までしたようにご真影を奉遷する正面の棚に向かって最敬礼をした。その途端に生徒がゲラゲラ笑う。私は初め不可解に思い次に心外に思った。あの淳朴な生徒達の志操が敗戦によって一変してしまったのだ」（風野新一郎『一教師の生涯』デンバーコーポレイション、一九八四年）

敗戦から一ヶ月も経たない段階でこのような出来事が起こっていたのです。多感で反抗的な中学生は社会の変化にとりわけ敏感だということもあるでしょうが、人心の変化の速さには驚くばかりです。

いずれにしても、教師は聖職者の地位からすべり落ちました。それまで神様だった昭和天皇自身が「人間宣言」をするのですから仕方ありません。奉る神が否定された聖職者ほど惨めなものはありません。しかし、彼らには次の神様が用意されていました。

新教育指針は「民主主義」を広めるという新しい役割を教師に与え、そのうえ教職員組合という「教団」を造ることさえ奨励したのです。これにより神を失い茫然自失となっていた聖職者達は元気を取り戻します。そして彼らは、先ほどの中学生のごとき変わり身の速さで新しい神様へと宗旨替えをしていったのです。

教師は戦前戦後を通じて聖職者でした。

それは日教組や左派文化人が主張しているように押し付けられたものでは決してありません。彼ら自身が聖職者であり続けることを望んだのです。彼らは神を「天皇」から「民主主義」に変えることで聖職者の地位に留まることを許されたのです。そして、ほぼ唯一の教職員組合であった日教組は、教職員組合であると同時に民主主義の布教集団＝教団的様相を呈するようになっていきます。

もちろん、ここでいう「民主主義」は封建時代にさかのぼってまで過去の日本を断罪し、日本人を西洋人よりも劣ったものとみなし、多数決だけを正義とする「戦後民主主義」であって、本来のデモクラシー原理でないことは言うまでもありません（「戦後民主主義」と「デモクラシー」の違いについては、拙著『戦後教育で失われたもの』に詳述しています）。

日教組が戦後民主主義を布教する中でとりわけ重要視したのが「平和教育」です。その際に使われたのが有名な「教え子を再び戦場に送るな」というスローガンでした。日教組が、何故、布教の過程で平和教育を重視したのか。新教育指針の目標が「日本が戦争する力を全く失」うようにすることですから当然といえば当然ですが、それとは別に教員側の事情も存在しました。

宗教団体を脱退された方などで、過去に自分が所属していた団体を、一般の人と比較して異常なまでに嫌悪する方がいます。また保守系言論人で過激な主張をしている方は大抵若いころ左翼団体に所属していた人たちです。どちらも、そうしなければ心のバランスが取れないのでしょう。

日教組教員たちもまったく同様でした。彼らは一九五一年五月の日教組第八回定期大会で「教え子を再び戦場に送るな」というスローガンを採択し、それ以降日本や同盟国のアメリカを敵視する過激な「平和教育」を推進しますが、彼らにはそうしなければならない事情があったのです。その事情とは「第二次世界大戦中、日本の教師は教え子を戦場に送り続けた」という紛れもない事実です。

『日教組60年』は「教え子を戦場に送る教育」で、次のような書き方をしています。

「1930年代の『昭和期』に入って、大恐慌や冷害による不況を乗り切るため、軍部は新天地を求めてアジア侵略を開始、満州事変（1931年）を起こし、やがて日中戦争

（1937年）、太平洋戦争（1941年）に突入していく。

それに合わせて教育も社会も戦時一色になり、教職員は『教え子を戦争に送る教育』を担わされた。1941年には小学校が『国民学校』に改称されて、『皇国の道』に則った『忠君愛国』の教育を一層推進することになる。中等学校では軍事教練が行われた。台湾や満州（中国東北部）、朝鮮半島など日本が支配する国・地域の学校でも、日本語や『教育勅語』、皇居遥拝を強制するなど、現地の子どもを『皇民化』する教育が行われた。

国内では、空襲が激しくなると、都会の児童は農山村の学校に転校させられ（学童疎開）、中等学校や女学校の生徒は工場へ勤労動員された。大学生は『学徒兵』として戦場に送られた（学徒出陣）」

ここに書かれた事実――忠君愛国教育や軍事教練の推進など――が教員が行ったことの全てだとすれば、日教組が大戦中の教師を「教え子を戦場に送る教育」をしたと評するのは、あまりに自分自身や先輩達に厳しすぎるというものです。忠君愛国がいけないのであれば、親だって地域社会だってみんな罪人です。みんなで若者を戦場に送ったというべきでしょう。軍国主義の世の中で一般論として軍国教育を行った教員を非難することは間違いだと思います。

教師の本当の罪は軍国教育をしたことではありません。『日教組60年』には書かれていませんが、大戦中の教師たちは教育の枠を超えて積極的に教え子を戦場へと駆り立てていたのです。

満蒙開拓青少年義勇軍と教員

「満蒙開拓青少年義勇軍」という言葉を聞いたことはあるでしょうか。

傀儡《かいらい》国家満州国を建国した日本は、大量の移民計画を立てたのですが計画は思うように進んでいませんでした。そんな中、一九三七年に民間人である石黒忠篤（農村更生協会会長）、大倉公望（満州移住協会理事長）、加藤完治（同理事）などが連名で近衛内閣に対し「満蒙開拓青少年義勇軍編成に関する建白書」を提出します。建白書の中身は、青少年を満州に送り込んで訓練し開拓と国防に当たらせよ、というものです。建白がなされた翌年の一九三八年、政府は直ちに「満州青年移民実施要綱」を作成し義勇軍の募集を始めます。

初年度の募集は、ジャーナリズムが宣伝してくれたことや、「二〇町歩（六万坪）の耕地」の地主になれるというキャッチフレーズが功を奏して、青年団や小学校へのテコ入れなしに多数の応募者（三万二七八二人）が集まり、最終的に二万四三七四人が訓練所に入所しました（青少年義勇軍は、まず国内で訓練されてから満州に送り込まれました）。

しかし、訓練は厳しく満州での待遇も悪かったために翌年から応募者は激減し、あせった政府は応募者を確保するために割当制を導入します。各都道府県に算出根拠不明の（青少年人口とはまったく比例しない）募集人数を割当てその確保を要請したのです。この満蒙開拓青少年義勇軍は戦局が悪化したのちも続けられ、年を追うごとに政府から都道府県、都道府県から学校、学校から生徒・父兄への入所圧力は強くなっていきました。

一九四二年に入所した青少年の応募動機の内訳は以下のとおりです。

教師の勧め	九三九〇人
父兄の勧め	一三三三人
友人の勧め	三二九人

官公吏の勧め	一一二人
新聞	一三一人
雑誌	二五三人
ラジオ	五五人
ポスター	二九人
映画	一三六人
講演	五八三人
その他	二〇人

（白取道博『満蒙開拓青少年義勇軍史研究』北海道大学出版会、二〇〇八年）

右の数字は、まさしく教師こそが青少年を戦場に送り出したことを物語っています。

教師は嬉々として戦場に教え子を送った

では、教え子を戦場に送った教師の気持ちはどのようなものだったのでしょう。辛い思いで送ったのでしょうか、それならまだ救われる気がしますが……。
これについては、戦時中に国民学校併設の青年学校教師だった三沢豊氏が『満蒙開拓青少年義勇軍と信濃教育会』（長野県歴史教育者協議会編著、大月書店、二〇〇〇年）において貴重かつ勇気ある証言をしています。

「冬の、ある夜、住宅で夕食を済ませてこたつにあたっていると、授業の一部だけを担当している、国民学校高等科の生徒が訪ねて来た。……〝今、『満蒙開拓青少年義勇軍に行け』と毎日担任から言われている。親は賛成していない。父は体が不自由で母も病気がち、兄たちは工場へ行っており、百姓仕事は自分がいないと大変である。妹たちはまだ小さい。〟というような話だった。／……ひととおり聞き終わると、私は、胸を反らせて『満州は日本の生命線だ。大和《やまと》民族の発展を考えたら、君らのような若者がこの重責を担わなくてどうする！　今の農村は行き詰っている。農村更正のためにも君らが新天地に雄飛する以外にない……』私は得得としゃべっていた。／その子は、すごすごと帰って行った。私は、自分のことばに言い知れない興奮を覚え、充実した夜のような錯覚に酔いしれて眠った。／次の日、その子は、義勇軍行きの承諾を学級担任に伝えている。その学級担任は私に、『とうとうやったよ。これで目標達成だ。校長先生もご機嫌だよ。』と話してくれた。私は内心、〝オレの力さ〟と気を良くしていた」

満蒙開拓青少年義勇軍。そこに教え子を送り続け、開墾と国防を担わせて、内地の日本人よりもはるかに高い確率で死へ導いたのは戦前の教師です。しかも彼らは嬉々として胸を張って生徒を戦場に送ったのです。

その現実を直視することから逃げ、罪の意識から逃れるために過激な戦後民主教育の宣教師となるしかなかった。それが戦争直後の教師の心理構造だったのではないでしょうか。

書記長や委員長を長く歴任し「ミスター日教組」と呼ばれた槇枝元文氏も、そんな教師の一人でした。彼は『槇枝元文回想録』（アドバンテージサーバー、二〇〇八年）の中で教え子を少年航空兵（戦死）と満蒙開拓青少年義勇軍（生死不明）に一人ずつ送り出したことを告白し、こう述懐しています。

「（戦死した少年航空兵の）母親は、私の顔を見るなり、私に飛びかかってきた。／『先生は何ということをしてくれたんですか。……まだ徴兵検査を受ける歳にも達していない子を戦場に送り出して……。先生が余計なことをしなかったら、いま元気で一緒に暮らしていたはずです。……』／……『恨むなら文部省を』と言って逃げてもいいが、それは許されるものではない。国民の教育に対する責任追及の矢は、教育を直接施した教師に向けられるのだ」

槇枝氏は、少年航空兵についてその母親に謝りに言って彼女になじられたエピソードを語り、結局は「平和教育を担う教師の使命」に話を繋げていますが、満蒙開拓青少年義勇軍については、具体的に語りません。ただ、少年航空兵のエピソードを紹介する導入部に少年航空兵と満蒙開拓青少年義勇軍に一人ずつ送り出したと述べるのみです。

満蒙開拓青少年義勇軍に送り出された生徒の方は生死不明だからでしょうか。でも、それはおかしい。義勇軍は一人で行くのですから、本人が不明でも家族がいます。家族も不明だったのならば、家族を探したエピソードくらい書かれていてもよいはずです。家族しかし、彼は少年航空兵のエピソードは語っても満蒙開拓青少年義勇軍については沈黙を守るばかりです。何故なのでしょうか。

少年航空兵と満蒙開拓青少年義勇軍では、その罪深さがまるで違います。前者に選ばれた者はピカピカのエリート少年たちです。中でも海軍飛行予科練習生は「予科練」と略され少年達のあこがれでした。そのうえ、募集数が少なかったので学校から何名出せという割当もありません。少年航空兵は教師が強制せずとも多くの場合生徒自ら志願した（倍率が高かったので、合格する子どもはほんの一部でした）ので、戦死に対する罪の意識はさほど大きくなかったはずです。

一方、満蒙開拓青少年義勇軍は貧しく成績が芳しいとは限らない子どもたちがターゲットでした。募集人数も多く各校への割当もきつかったのです。だから、教師達は時に本人や親を「非国民」と脅し、時に広大な土地が手に入ると甘言を弄して、教え子を戦場へと送り出したのです。

前者の罪には向き合えても後者の罪とは向き合うことができなかった。それが槇枝氏の筆に現れているのではないでしょうか。

体罰は「宗教的」確信の産物

さらに、教師が自らの意思で聖職者であり続けた状況証拠として、違法な体罰を、戦前戦後を通じて行い続けたことを指摘することが可能です。次の項で触れますが教師は戦前も戦後も法律を無視し、良心の呵責《かしゃく》も感じず、人によっては教育的使命感から子どもたちを殴り続けました。

何ゆえ、彼らは法治国家に住みながら違法行為を繰り返すことができたのでしょう。彼らが無法者やろくでなしだったからでしょうか。例外的に無法者もろくでなしもいない訳ではありませんが、大抵の教師はそれとは対極の人々です。むしろ善意の人が多く、だからこそ権威者の方針に従順な人が少なくないのです。ですから、彼らが違法行為を堂々と行っている場合（体罰に限らず、ストライキでもそうです）、法とは別の規範体系が存在し、それに従っていると考えるべきです。

体罰は、よほど自分は正しいという確信がなければできるものではありません。ちなみにアメリカでは州によって体罰容認の是非がまちまちですが、体罰を容認する州の価値観を基礎付けているのは、ピューリタンの宗教観です。アメリカ人の体罰容認思想には、「人間は本来的に弱く、罪を背負っており、真の道徳的・自立的行為はなし得ない」というピューリタンの考え方が根底にあるのです。アメリカ（白人）の歴史は一六二〇年のメイフラワー号にまでさかのぼりますが、彼らはみな本国イギリスで迫害されたピューリタンでした。メイフラワー号の乗員はピルグリム・ファーザーズ（清教徒の父）と呼ばれ、現在でもアメリカで尊敬されています。このように考えるとヨーロッパ諸国が次々と教師の体罰を禁止する中でアメリカの一部の州が、頑として体罰容認を貫く理由も見えてきます。

アメリカを例に挙げましたが、戸塚ヨットスクールしかり、引きこもりの立ち直りを図る一部の私塾しかりで、体罰を行う人たちには、（賛否はともかくとして）宗教的といってよいほどの強い確信が存在します。

体罰禁止は明治時代から

体罰問題は教師の精神構造を理解するのに極めて有効な切り口ですが、残念ながら多くの教育論が事実を誤認した上で様々な主張をしているので、話がかみ合わず、議論が一向に進展しません。これを機会にしっかりと整理しておこうと思います。

保守系言論人の教育論を読んでいると「戦前は子どもが悪いことをしたら教師は迷わず体罰をしたものだ。ところが戦後は体罰が禁止されて、悪いことをした子どもも放りっぱなしになった。これでは子どもに道徳心が育つはずがない」「体罰を復活させろ」などと平気で主張している方がいます。中には「日教組のせいで体罰がなくなって日本の教育はダメになった」といったデタラメなことを主張する人もいます。

これらは二重に間違った意見と言わなければなりません。

間違いの第一は戦後すぐに体罰がなくなったわけではない点です。体罰が学校から急速に減少したのは戦後教育が二周目（親も戦後教育世代）に入った一九七〇年代のことであって、それまでは日教組の加入非加入にかかわらず日常的に体罰が行われていました。こんなことは五〇代、六〇代の戦後教育第一世代に聞けばすぐに判ります。その世代の悪ガキだった方で、教師からの体罰を受けていない人などほとんどいません。ちなみに私は一九六〇年代から七〇年代にかけて大阪で小中学校生活を送りましたが、中学一年の担任以外、全ての教員から体罰を受けました。唯一体罰を行わなかった教師は、暴力を否定する宗派のクリスチャンでした。

もう一つの間違いは、日教組が組織されるはるか以前、つまり戦前から日本の法律は一貫して体罰禁止だったという点です。

一八七九年（明治一二年）に制定された教育令四六条には、「凡学校ニ於テハ生徒ニ体罰殴チ或ハ縛スルノ類ヲ加フヘカラス」と規定されています。体罰禁止の精神はその後も引き継がれ一八九〇年（明治二三年）の第二次小学校令六三条には、「小学校長及教員ハ児童ニ体罰ヲ加フルコトヲ得ス」と改めて規定されました。興味深いのは中学校令にはこのような規定がないことです。幼い小学生にだけ「体罰」を禁じたのか、知識階級であった中学以上の学校の教員にそのような規定は不要だったのかは不明です。おそらくは両方が理由だったのでしょう。夏目漱石の小説『坊っちゃん』を思い出していただくと判りやすいのですが、どちらも知識階級に属した教師と生徒にとって、どんな場合に怒られるかについての「あうんの呼吸」が存在すれば、体罰禁止規定など不要です。

しかし、小学校はそうではありません。学校に通わない子どもも少なからず存在しましたが一応は義務教育でしたし、何より児童も親も教えている教師も知識階級ではありませんでした。だから、体罰も横行しただろうし「自分の子どもを殴ってくれ」と先生に頼む親も存在しました。

一九〇〇年（明治三三年）の第三次小学校令四七条でも、「小学校校長及教員ハ教育上必要アリト認メタルトキハ児童ニ懲戒ヲ加フルコトヲ得但シ体罰ヲ加フルコトヲ得ス」と規定しており、これは現在の学校教育法一一条「校長及び教員は、教育上必要があると認めるときは、文部科学大臣の定めるところにより、児童、生徒及び学生に懲戒を加えることができる。ただし、体罰を加えることはできない」と論理構造がほとんど同じです。

これらの規定はけっして意味のない規定ではありませんでした。実際、体罰をふるわれた親が学校を訴えた事例が戦前においても多数見られます。教師に体罰をふるわれたからといって文句を言えなくなるのは、昭和に入って極端な国粋主義に日本中が傾いてからです。その体罰文化が戦後もすぐには改まらなかったのです。

新たな経典の誕生

このように、戦争直後の教師達は、戦場に子どもを送った自らの罪に向き合うことなく、戦後民主教育の信者として、時には違法な暴力を使ってまで布教に邁進《まいしん》しました。ところが、敗戦から数年たつと戦後民主教育信者とは別の、より過激な人々が日教組幹部として力を持ち始めます。

一九五二年六月一六日に日教組は第九回定期大会で「教師の倫理綱領」を採択し発表しました。これは新教育指針と異なって上（文部省）から与えられたものではありません。教職員組合自らが決めた教師の指針です。

第一章で紹介した一九六〇年代の勤評闘争により校長や教頭のほとんどは日教組から脱退しますが、一九五二年当時は校長教頭も含めてほとんどが日教組に加入していました。ですから「教師の倫理綱領」は、校長教頭を含めた教師全体に対する新経典として機能するようになりました。但し、文面上は一見旧経典である「新教育指針」と矛盾するところはないように見えます。

①教師は日本社会の課題にこたえて青少年とともに生きる。
②教師は教育の機会均等のためにたたかう。
③教師は平和を守る。

④教師は科学的真理に立って行動する。
⑤教師は教育の自由の侵害を許さない。
⑥教師は正しい政治をもとめる。
⑦教師は親たちとともに社会の頽廃《たいはい》とたたかい、新しい文化をつくる。
⑧教師は労働者である。
⑨教師は生活権を守る。
⑩教師は団結する。

保守系の政治家や文化人は八番目の「教師は労働者である」という部分に反発しましたが、実際には四番目の「科学的真理に立って行動する」という条項こそが最も日教組幹部の性質を現す条項でした。というのは、ここにいう「科学的真理」とは当時「科学的社会主義」を自称していた共産主義を指しているからです。つまり、「教師の倫理綱領」制定により日教組幹部は、日教組という団体を共産主義団体だと明確に規定したことになります。

このような「科学的」という言葉の使い方は、現在の日本人には極めて奇異に感じられます。しかし、一九五二年当時の日本人、とりわけ左翼思想を信じていた人には当然の使い方だったのです。共産主義者（マルクス主義者）が「科学的」という言葉をどのように使うかについてのサンプルとして、一九九九年七月二一日に中華人民共和国が共産党員の法輪功修養を禁止した時に発表した文章を挙げておきます。

「マルクス主義の唯物弁証論と史的唯物論はプロレタリアートの世界観と方法論であり、プロレタリアートおよびその政党が世界を認識し、世界を改造する強大な思想的武器である。この世界観の基礎の上に確立されたマルクス主義の科学的理論は中国の特色をもつ社会主義の建設をおしすすめる根本的方針であり、われわれ共産主義者の精神的支柱である。李洪志のでっちあげた『法輪大法』は観念論、有神論を宣伝し、すべての科学的真理を否定し、現代科学や現代文明と根本的に対立し、マルクス主義の基本的理論や基本的原則と対立し、共産党が人民大衆を指導して中国の特色をもつ社会主義の建設を進める偉大な事業と根本的に対立するものである。共産党員は、『中国共産党の規約』を自覚的に順守し、マルクス主義を揺るぎなく信仰すべきで、『法輪大法』を信じてはならない。共産党員が『法輪大法』を修練するのは党の性質と主旨に背き、党の規律で許されないものである」

「教師の倫理綱領」がマルクス主義を基礎にして書かれたものであるという状況証拠は他にもあります。それは、この綱領には人権という文字が存在しないばかりか、人権思想の片鱗さえ見られないことです。

今でこそ日教組も「人権」という言葉を多用・乱用していますが、本来これは自由主義陣営の思想です。市民革命を基礎付けた人権思想は、精神的自由とともに経済的自由を重んじる考え方であり、それを根拠づけるために人は生まれながらにして神から自然権＝人権を与えられていると主張しました。つまり信仰なくして「人権」はありえないのです。

自然権＝人権思想の祖であるホッブズは無神論者を社会から追放せよと主張し、フランス革命の思想的中核を担ったルソーは無神論を執拗に主張する者は死刑にすべきだと言いきりました。宗教的寛容を説いたジョン・ロックでさえ、こと無神論に対しては寛容であるべきではないと主張しているのです。

アメリカの子どもたちが多くの学校で覚えさせせられているアメリカ独立宣言はこのよ

うな文章から始まっています。

「We hold these truths to be self-evident,（我らは以下の諸事実を自明なものと見なす）that all men are created equal,（すべての人間は平等につくられている）that they are endowed by their Creator with certain unalienable Rights, that among these are Life, Liberty and the pursuit of Happiness.（創造主によって、生存、自由そして幸福の追求を含む、ある侵すべからざる権利を与えられている）」

人権思想という考え方は信仰を基礎にしなければ成り立ちません。我々の先人はそのことを理解し、人権思想を「天賦人権論」と訳しました。日本人はキリスト教のゴッドを信仰しませんが、それにある意味で近い「天」の存在を認めます。だから日本にも人権思想は定着すると考えたのでしょう。

しかし、マルクス主義は、先の法輪功禁止の文面からもわかるように、有神論＝「神の存在」をマルクス主義と相容れないものとして全否定します。それゆえマルクス主義と人権思想は論理的に両立しえないのです。その証拠に一九四八年に国連で世界人権宣言が採択された際には、マルクス主義を標榜していたソ連と東欧諸国は採択を棄権しています。マルクス主義者たちは、人権思想＝自由主義思想は経済的強者を利する思想であり、自分たちの信じる民主主義＝民主集中制の敵であると考えていたのです。

ナチスドイツのユダヤ人等への弾圧が明らかになり、世界人権宣言が採択されて四年しか経っていない一九五二年当時、「教師の倫理綱領」に人権思想が反映していないという事実は極めて不自然です。しかし、日教組がマルクス主義者の集団だったと考えるならば、その疑問が氷解するのです。

日教組を理解するための基礎知識

「教師の倫理綱領」を発表したことで、日教組を指導する人たちが共産主義を信奉していたことが明確になりました。では彼らが信じた共産主義とはどのような思想なのでしょうか。ここで簡単にまとめておきます。

学生時代に共産主義にかぶれた経験のある人にとっては、何を今さら、という話かもしれませんが、現在ではすでに忘れられていることも多くなっています。そして、この化石のような思想が、日教組を理解する上では、今も不可欠だからです。

まず、共産主義は「能力に応じて働き、必要に応じて受け取る」社会を理想とします。その上で、彼らは現代の社会をユートピアからほど遠い「資本主義社会」であると規定します。資本主義社会には、生産手段を独占している資本家と自分の労働力を売って生活する以外に生きるすべのない労働者が存在しています。

また、共産主義者は労働だけが価値の源泉であると考えます（労働価値説）が、資本主義下の価値の分配は不平等で、労働の再生産に必要な分だけが労働者に分配され、それ以外の余った分＝剰余価値はすべて資本家が受け取る（剰余価値説）とし、それを資本家による労働者からの搾取と考えます。

では、なぜこのような不公平な社会が成り立つのか。彼らはこう説明します。社会というのはその生産力に見合った生産関係（下部構造）が存在し、その生産関係に見合った政治構造や文化等（上部構造）を持ちます。ですから生産力が向上すると生産関係は変化し、生産関係が変化すると上部構造は変化せざるを得ません。この変化こそが歴史だと彼らは考えます（唯物史観）。

ですから、「表現の自由」「集会結社の自由」などの人権や代議制民主主義を基礎とした現代のデモクラシー（議会制民主主義）も、現在の生産力に見合った資本主義という生産関係（下部構造）に見合った制度でしかなく、所詮は資本家にとって都合のよいものです。

だから貧乏人が幸せになるためには、暴力革命によって今の政府を倒し、労働者を代表する党（共産党）を通じた独裁支配体制を実現しなければなりません。彼らはそのような社会を社会主義社会と名づけ、そこでの政治システムを民主集中制と呼びます。この社会では生産手段は国有化されていて、様々な財の生産も国家が計画に基づいて行う（計画経済）ので、資本主義社会の病理現象だった恐慌は起こらない、ということになっています。また、労働者を代表する党への批判は民主主義に反する行為であり許されず、労働者は党の指導に従う責務を負います。

以上に示したような一連の考え方を「共産主義」と呼び、共産主義を基本的に信じている人たちを共産主義者と呼びます。

社会の貧困層になるべく多くの財を分配しようとする考え方（社会主義的な考え方）は、マルクスが登場する以前から存在しました。しかし、マルクスの友人であり共同研究者だったエンゲルスは、先に説明した剰余価値説と唯物史観に裏付けられた（といっても別に検証されていないのですが）自分達の考え方だけが「科学的」であり、他の社会主義は全て「空想的」だと切り捨てました。

また、剰余価値説や唯物史観は（彼らの主張によれば）科学であり、ニュートンの「万有引力の法則」のごとく、世界のどこでも通用する原理ということになります。その原理によると社会主義の母国ソ連が最も進んだ国、次にソ連の指導下にある諸国、先進資本主義国と続き、封建制度が残っている日本は遅れた国という位置づけになるのです。

では次に、共産主義の教えに基づいて共産主義者はどのように行動するかを原理的に考察しておきましょう。

①国家・国旗・国歌、資本主義国家の警察・軍隊を憎悪する。

資本主義国家は、いずれは労働者が団結して打倒すべき存在です。それゆえ、彼らは資本主義国家を憎悪します。また、国家の象徴である国旗や国歌も同様に彼らの憎悪の対象です。さらに彼らは、資本主義国家の警察と軍隊はそれを維持するための暴力装置であると位置づけているので、警察や軍隊も憎悪の対象になります。ただし、社会主義国家の警察や軍隊は労働者を守るためのものですから憎悪の対象から外れます。

②日本の伝統を認めない。

彼らの考えでは、世界は唯物史観に基づいて発展します。ですから日本の伝統は文化であれ思想であれ遅れた野蛮なものということになります。

③資本家と労働者を峻別する。

資本主義社会の住人は基本的には資本家（ブルジョアジー）と労働者（プロレタリアート）に峻別されます。ですから専門技術職などで「自分は労働者ではない」と思っている人は「階級的自覚が足りない」と評価されることになります。

④共産主義＝科学であると妄想する。

自分達の思想だけが科学的で、他の社会主義は空想的と批判したことは先に書いたとおりです。その後、カール・ポパーによってマルクス主義は反証可能性がなく（主張が間違っていても検証できない。つまり言ったもの勝ちということです）科学とは言えないという極めて真っ当な批判がなされましたが、日本の思想界や言論界は、欧米での高い評価にかかわらずポパーをほとんど無視しました。

⑤独裁を肯定する。

独裁国家というとヒットラーやムッソリーニをイメージしますが、独裁を肯定したのは共産主義の方が先輩です。日教組とつながりの深い政治家達が小沢氏や仙石氏の独裁体制をまったく批判しないのも当然といえるでしょう。

共産主義を信奉する教員の行動原理

右に見た共産主義の立場を堂々と主張する人は、ソ連などの共産主義国の実情がわかるにつれて減ってきました。しかし、日教組は愚直なまでに「教義」を守り続けました。その証拠に彼らの行動原理①〜⑤は、前項で述べた①〜⑤と見事に符合します。

①国旗掲揚、国歌斉唱に積極的でない。

②日本の歴史文化を知らない生徒に共産主義国の歴史文化を教える。

彼らは日本神話を児童に教えることに対して強烈なアレルギー反応を示します。一方社会主義国家の伝統（昔ならばロシア民謡、現在では朝鮮民話）は嬉々として教えます。

③職業差別を行う。

敵と見なす軍隊（自衛隊）や警察に勤める人を平気で差別します。元内閣安全保障室長の佐々淳行氏は、日教組教員が自衛官と警察官の息子を立たせて「この人たちのお父さんは悪い人たちです」といって授業中もずっと立たせ続けたという事例を自著で告発しています。

④教室内「布教」に迷いがない。

教師にも様々な信仰を持つ人がいますが、彼らの立派なところは、私の知る限りだれ一人教室内で布教していなかったことです。唯一の例外が「共産主義」という名の宗教でした。彼らは、自分達の信仰を純粋な科学であると信じていますから、何の迷いも無く「布教」することができるのです。

そのことを代表する事件をひとつだけ紹介させてください。その事件は一九五三〜五四年にかけて、京都市立旭丘中学校で起きました。この中学の一部の教員が、授業中に共産党の機関紙『アカハタ』を教材にして、「軍事基地反対、再軍備反対」を前提とした平和教育（という名の共産主義の布教）を行っていました。これに反対したPTAが京都市教育委員会に「偏向教育」の是正を求めたことをきっかけに、学校が臨時休校になり、市教委が運営する補習教室と組合が運営する学校が一ヶ月にわたって分裂授業を行う事態に陥ったのです。教員に影響された生徒たちは校長に辞表を書くようせまり、日教組も教育の自由を建前に旭丘中学の授業に口を出す市教委を批判しましたが、最終的には教頭を含めた事件の首謀者三名が懲戒免職、校長以下他の教員全員を入れ替えて事件は幕を閉じました。

教員たちは「親の頭は古いから学校で何を教えているかしゃべるな」と生徒に口止めした上で、音楽の授業では労働歌を歌わせ、左翼団体への資金カンパまでさせていました。こんなことは、共産主義以外の宗教ではけっして起きたことのないおぞましい事件です。

⑤生徒や保護者を巻き込み全体主義で覆う。

彼らは、労働者が団結して国家を独占支配することで、社会は次の段階に進むと信じています。そのためには、子どもの時から団結する喜びを知らなければなりません。ということで、熱心な共産主義教員はクラスの団結を何よりも強調し、時には連帯責任という禁じ手さえ使います。さらに有能な教員になると保護者も巻き込み一致団結した空気を作るのです（原武史『滝山コミューン一九七四』〈講談社文庫、二〇一〇年〉はこのあたりの空気を上手く伝える名著です）。この空気に逆らうことは容易ではありません。

⑥平和教育・人権教育・環境教育において特殊な感性を有している。

これこそが、日教組最大の害悪であり特徴でもあるのですが、彼らは平和教育・人権教育・環境教育において極めて特殊な感性を持っています。具体的には、資本主義国家だけが平和を侵す国家として意識されるので、平和教育はもっぱら自衛隊や米軍批判となり旧ソ連・中国・北朝鮮の軍備拡張には寛容な感性が養われます。人権概念は本来共産主義とは無縁ですが、日教組の教師たちは資本主義社会の道徳を否定するために人権概念を利用した教育を行います。環境教育では、大企業の環境汚染だけをデフォルメするなど、企業や資本主義社会が攻撃の的となります。

「顕教」「密教」並存体制の確立

以上、共産主義と共産主義者の行動原理を理解した上でもう一度「教師の倫理綱領」の重要部分を見てみましょう。

④教師は科学的真理に立って行動する。
⑥教師は正しい政治をもとめる。

⑦教師は親たちとともに社会の頽廃とたたかい、新しい文化をつくる。
⑧教師は労働者である。
⑩教師は団結する。

見るべき人が見れば「日教組は自らを共産主義によって立つ団体だと宣言したのだ」とすぐに理解するでしょう。しかし、そんな人々は少数派にすぎません。しかも、先に出された「新教育指針」には日本人は科学技術の知識が低いので、これからの教師は科学技術を大切にすることが大切だ、民主的修養のために組合を造りなさいと書いてあります。多くの教師が「教師の倫理綱領」を見て「民主教育をしっかりとやっていこう」と再確認したに過ぎないと捉えても無理はありません。

こうして、共産主義を理解した上で日教組を支持するコア組合員と、なんとなく戦後民主教育は良いもので日教組はそれを追求する団体なのだろうと考える大衆組合員が並存することになったのです。

このようにエリート用の本音と大衆用の建前が分離している状態のとき、社会学や政治学では宗教になぞらえて前者を「密教」あるいは「秘儀」、後者を「顕教」あるいは

「公儀」と表現することがあります。

例えば、明治国家のエリート内では天皇機関説は常識でした。しかし一方で、大衆には天皇は現人神《あらひとがみ》だと教えていました。この場合、天皇機関説が「密教」「秘儀」で、天皇は神様だという考えが「顕教」「公儀」になります。

日教組も同様で、幹部用の思想＝「共産主義」と、一般組合員用の思想＝「戦後民主主義」を分離したといえます。ただ、日教組が明治国家と異なる点は、組合活動を通じて顕教信者が徐々に密教信者へと変っていくことでした。

社会主義協会による日教組支配

では密教信者が一枚岩だったかというとそうではありません。密教信者内では日本共産党支持グループとその他グループが対立していました。その他グループにも内部対立はありましたが、政治的には社会党支持グループという点で一致していました。

そうなると、顕教を信じる一般組合員は、つい最近（戦時中）まで「アカ」と呼ばれていた共産党は何だか怖い気がする、といったノリでその他グループの側につくものが多くなります。その結果、日教組では共産党支持グループが組織を割って全日本教職員組合（全教）を結成するまで、主流派（非共産党グループ）と非主流派（共産党グループ）が主導権を争うという構図が続いたのです。

では社会党系がいつも主導権を握り、共産党系の人々はずっと冷や飯を食ってきたのか。そうでないのが日教組の不思議なところです。その不可思議な構造を解き明かす予備知識として、故田中角栄氏が言ったといわれる「八分の一理論」を解説しておきましょう。

闇将軍と呼ばれた田中角栄は、何ゆえ政界を牛耳《ぎゅうじ》ることができたのか。彼はこのように解説したそうです。

「国会は多数決で物事が決まるから、与党自民党が二分の一プラス一を占めればよい。その自民党の二分の一プラス一（国会議員全体の四分の一プラス一）を主流派（首相を支える派閥連合）が占め、その主流派の二分の一プラス一（国会議員の八分の一プラス一）を田中派が占めれば、政界は田中派＝田中角栄が牛耳れる」というものでした。こうした田中角栄の支配は竹下・金丸・小沢らのクーデターが起きるまで磐石でしたし、クーデター後も盟主を代えて同じ支配構造が続きました。

分裂前の日教組構造図

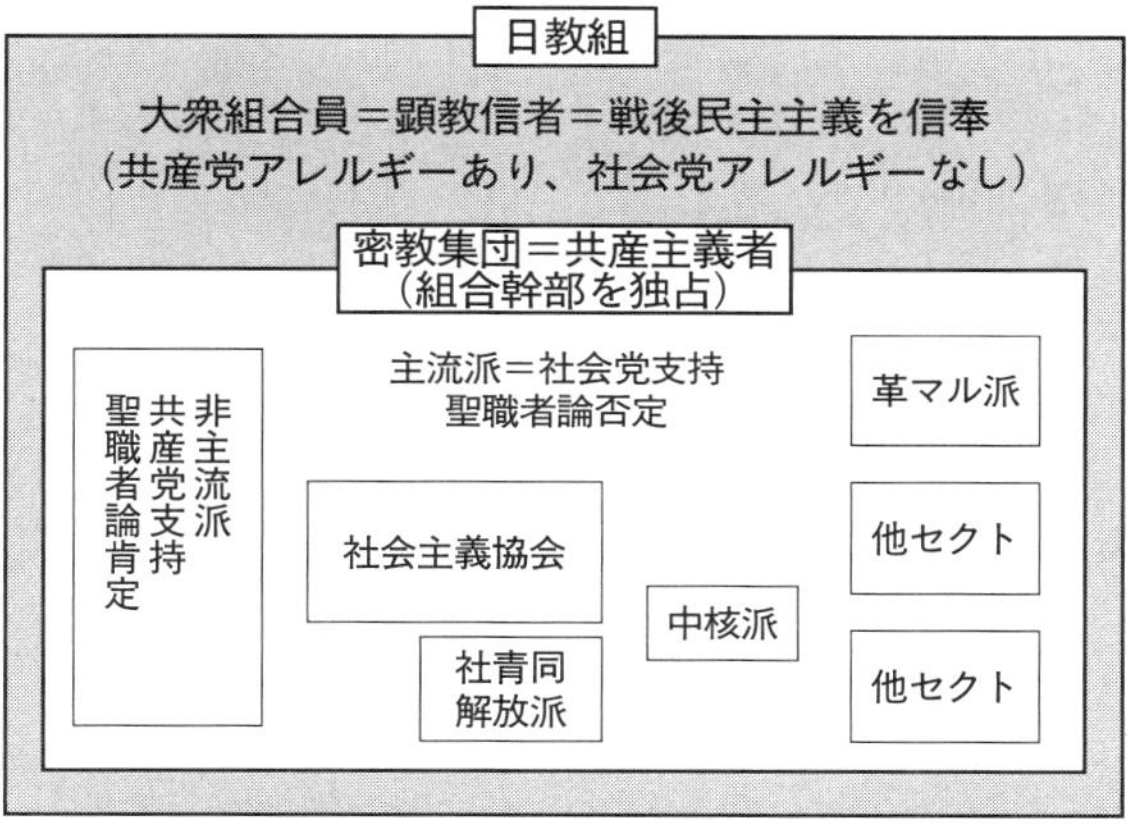

日教組主流派の支配構造は、この「八分の一理論」に似ています。ただし、支配基盤は田中派支配に比べるとはるかに脆弱《ぜいじゃく》なものにすぎません。

まず、日教組や都道府県教組の基本方針は年一回開催される定期大会で決まります。その大会に何十万人という組合員全員が参加するわけにはいきませんから、各職場は大会に出席する代議員を選出します。しかし、この代議員選出の段階で組合活動よりも日常の教育活動を熱心に行っているまともな顕教信者は排除されます。多くの職場では分会役員（各学校にいる組合幹部）が代議員になることが慣例になっていたからです。そうでない場合でも職場のリーダーは日本共産党系・非日本共産党系を問わず大抵は密教信者であり、彼らしか立候補してはいけない空気が学校には存在します。

平均的な日本の職場で共産党系と非共産党系の双方が立候補すれば、九九％非共産党系が勝ちます。が、そこは「民主教育」の行き届いた学校ですから何割かは共産党系の代議員も選ばれます。ただ、そうはいっても日本全体で見れば非共産党系の代議員が多い。ということで、日教組の全国大会では主流派の数的優位は揺るぎません。

ところが、主流派は日本共産党系と違って一枚岩ではありません。社会主義協会派という戦前からの流れをくむ人々もいれば、暴力革命を起こそうと真剣に考えている人もいます。暴力革命を本気で起こそうとする人々は、さらに革命理論によって中核派や革マル派などに分かれます。そんな中で、非共産党系内の比較多数を占めたのが「社会主義協会」という団体に所属する人々でした。

つまり「日教組の方針は密教信者の多数決できまる」「密教信者の多数は非共産党系が占める」「非共産党系の中では社会主義協会派が比較多数を占める」という三段階の支配によって、社会主義協会は日本共産党よりもはるかに弱小な団体でありながら、まんまと日教組の基本方針を決定する巨大な権力を手に入れたのです。

学校内世論に訴えて巻き返す非主流派

ただ、先の田中支配と決定的に異なるのは、八分の一という徹底的な数の支配ではないという点です。数の上では日教組内最大多数は顕教信者です。そんな中で社会主義協会が日教組を支配するためには、顕教信者には物言わぬ多数派（サイレントマジョリティ）でいてもらわなければなりません。

この点は主流派も非主流派も同じです。彼らは新人教員をこのように勧誘します。「日教組なんて言うと、もしかすると過激な主張をする組合と思っているかもしれないけど、そんなことはないんだよ。皆で民主的な教育をしていこうとしているだけさ。ほら、あなたと同じ学年を受け持つ○○先生も△△先生も組合に入っているよ」

先輩にこんな言葉で誘われて日教組に入った人がほとんどですから、いきなり「日本の独占資本はけしからん」「米帝を倒せ！」と叫ぶわけにはいきません。密教と顕教が並存する社会で少数の密教信者が多数の顕教信者を支配し続けるためには、密教信者は顕教信者が納得できる言葉を吐き続けなければならないのです。

まず、新人を組合に入れ、しばらくしてから、

「我々教師は、生徒のために朝から晩まで働いている。しかし文部省や教育委員会は学校現場の大変さをまったく理解していない」

といって頼るべき対象を、給与を支払う教育委員会ではなく組合であると思わせます。

その上で、

「それなのに給料は大企業の社員に比べればはるかに低く、生活は決して楽じゃない。この意味で我々も一人の労働者である。労働者一人一人の力は強くない。だから自分達は団結しなければいけないのだ」

と言い、徐々に教員生活に直接関係のない政治問題（ベトナム戦争反対、原子力空母の寄港反対、イラク戦争反対等々）に関して、組合と異なる主張をしてはいけないような気にさせるのです。さらには、

「自分達と同じ悩みを持っている仲間は全国にいる。そんな仲間達の実践を知ることは、きっと役立つはずだ」

といって教育研究集会に誘い、お人よしの組合員に末端役員の仕事をさせる中で、段々と顕教信者を密教信者へと変えていくのです。

つまり、日教組という教団には、民主教育集団としての日教組への加入と、密教集団への入信という二段階の加入システムがあるのです。

もちろん、全員が二段階目に進むわけではありません。

ここに非主流派が巻き返す余地が出ます。顕教信者は常識的な教員ですから、自分を単なる労働者だとは思っていないし、教師がストライキをするのはけしからんという世論にも耳を傾けます。非主流派はこういった教員たちの素朴な常識に寄り添う主張を始めるようになりました（共産党系というと教条的なイメージを持つ方も多いでしょうが、一九七〇年代以降に関して言えば、日教組主流派の方がはるかに教条的です）。

日本共産党の教師聖職者論

第一次オイルショックによる狂乱物価が叫ばれた一九七四年の四月一一日、六〇〇万人が参加した戦後最大規模のストライキが行われました。当然日教組もそれに参加し、槇枝委員長他二一名が逮捕され、三三の都道府県で計六万九四九二人の教員が行政処分を受けます。その年の参議院選挙で当時の総理大臣田中角栄は、聖職者である教師がストライキをすることは許されないとし、日教組に支えられている社会党を攻撃しました。田中が本気だったのか、単なる社会党批判のネタだったのかは判りません。ただ、同じ主張を、田中が登場するまで定番だった官僚出身東大卒の総理大臣がしても何の説得力もなかったでしょう。小学校卒の田中が言ったからこそ、古めかしい聖職者論が、当時辛うじて残っていた教師への敬意とあいまって、世に受け入れられたのだと思います。

田中の日教組攻撃が世論に承認されていく一九七四年四月、日本共産党の機関紙である『赤旗』は画期的な教師聖職者論を発表しました。その一部を抜粋します。

「……（自民党の『教師＝聖職』論を批判した後）同時に、自民党の『教師＝聖職』論に単純に機械的に反発して、教師は労働者であるだけで『聖職』ではないなどというのも、正しくありません。／もちろん、労働基本権をふくめ、憲法がすべての国民に保障する基本的権利は、当然、教師にも保障されなければなりません。／同時に、教師は、教育にかんする専門の知識と技術と経験をもつものとして、こどもたちが基本的な知識や技術などをその発達に即して学びとるのをたすける責務を、国民にたいして負っています。……この意味で、教師は、労働者であるとともに教育の専門家です。教師のこの二つの性格は、けっして対立するものではなく、正しく統一されなければなりません。……教師の仕事は、きわめて精神的、文化的なものであり、その専門家たる教師の活動は、こどもの人格形成にも文化の発展にも、直接の重大な影響をもっています。この意味では、教職はたしかに聖職といってもよいでしょう」

保守派とは意味合いが異なるが教師は確かに聖職である、と共産党が主張したのです。これは当時の教員の素直な感情を的確に表現しているだけでなく、社会からも「共産党も随分大人になったものだ」と好意的に受け取られました。

それでも日教組主流派はあくまで教師の聖職性を否定します。当時の槙枝委員長は、一九七四年に東京立川でひらかれた全国大会で次のようなあいさつを行いました。

「……戦後の日教組運動の歩みは戦前戦中を通して教職につきまとった聖職という概念、教師につきまとった聖職という意識そのものとのたたかいの歴史であったとさえいえるのであります。しかるに……日本共産党が……教師を『聖職といってもいい』などと繰り返し主張する真意が一体どこにあるのか、いささか判断に苦しむものです」

判断に苦しむのは、世論に歓迎された常識論を断固拒否する日教組主流派のセンスのなさです。

常識論に歩み寄る非主流派、暴走する主流派

教職員組合によるストライキ批判が教師聖職論の中身ですから、聖職論を否定する主流派と肯定する非主流派ではストライキに取り組む姿勢も変ってきます。

主流派は、ストこそ最重要の戦術であり日教組が団結して全国で行うことに意義があると主張しました。非主流派は、もちろん労働基本権は教師にも認められるべきだが、どのような戦術をとるかは情勢や力関係による、国民にたいして重大な責務を負う教職員は闘争する際にも、子どもの教育と安全への配慮、父母・国民の支持・理解が不可欠だと主張し、一律にストをうてという主流派を「戦術を押し付ける」と批判しました(対立の背景には、都道府県レベルでは東京、大阪、京都、埼玉、奈良、高知など非主流派が主導権を握っているところがあったという事情がありました)。

さらに、ストをうつ際も主流派と非主流派には違いがありました。教師がストをしても生徒は学校に来ます。日教組主流派は「ストをうつのだから全員参加が当然であり、生徒はその間、管理職である校長や教頭が世話をすればいい」と主張し、非主流派は「いつも顔をつき合わせている担任がいないと子どもたちが動揺する。最低限の保安要員は置くべきだ」と反論します。ストの際に非主流派の教員が保安要員として生徒の相手をすると、主流派は「スト破りだ」と批判しました。

泥仕合としか言いようがありませんが、この泥仕合、どう考えても非主流派に理があるというべきでしょう。

非主流派の常識路線（主流派に言わせれば日和見路線）は校長教頭に対する姿勢でも明確になっていきます。日教組主流派は校長を敵として徹底的に糾弾するのに対し、非主流派は校長教頭には管理者の側面と教育者の側面があるとして取り込み戦術を展開しました。具体的には職員会議を学校の最高決議機関としてその議決を守れと管理職に迫る主流派の強硬姿勢を否定し、非主流派は職員会議を合意形成の場（つまり管理職と組合の妥協の場）と位置づけて管理職と話し合おうとする姿勢を示したのです。

こうして非主流派は、数的な劣勢を常識的な主張をすることである程度克服していきました。

日教組大会の代議員数は五〇〇人弱で、聖職者論やストを巡る対立以前には非主流派は一〇〇人を割っていたのですが、この論争を通じて一六〇〜一七〇人程度の代議員を選出できるようになり、都道府県教組の中では新たに青森や島根で非主流派が実権を握ることになりました。

研究研修を通じて力を増す非主流派

聖職者論で世論に受けいれられやすい主張をし、ストをなるべく回避し、ストをうつ場合にもちゃんと保安要員を用意して子どもを危険から守り、校長教頭とも仲良くし、職員会議の結論を一方的に管理職に押し付けない。

非主流派が勢力を伸ばした原因はそれだけではありません。

大多数の教師にとって組合活動は、生活のほんの一部でしかありません。教師生活の大部分は教育活動であり（ここ数年は文部科学省や教育委員会の誤った文教政策のせいで教育活動に時間を割けない先生が多くなっていますが）、その教育活動の中で最も重きを占めるのは授業です。

だからこそ、上手に授業をしたい、子ども達をちゃんと教育したいと願うのは、教師の本能といっても過言ではありません。そこで、教師が自主的に集まって授業の上達を目指す民間教育団体が次々と誕生しました。そうなると、大学教授を初めとして当時インテリに圧倒的な影響力のあった共産党の独壇場です。

教育熱心な先生ほど、民間教育団体での自主研究を通じて共産党シンパとなり、非主流派を構成するようになりました。さらに彼らは、夏は民間教育団体の大会に出かけ、冬は日教組の教育研究全国大会に出席するというスタイルをとっている人が多かったので、顕教信者から見ても、主流派よりも研究熱心な尊敬できる人が多かったそうです。

ちなみに、陰山英男氏の宣伝により全国的に有名になった百マス計算も、このような民間教育団体の中で開発された手法です。

日教組主流が親ソだった理由

ここまで密教信者内の主流派と非主流派の違いについて概観してきましたが、私は何も当時の非主流派（今の全教）やそのバックにいる日本共産党を賛美したくて、これを書いているわけではありません。

むしろ、日本共産党が穏健に見えるほど日教組主流派（今の日教組）は共産原理主義的教条主義で困った団体だったということを理解していただきたいのです。

では日教組主流派はなぜ教条主義に陥ったのか。これを解明するためには、戦前の共産主義者間の理論対立にまでさかのぼる必要があります。

先ほども述べたとおり、日教組主流派の中核を占めていたのは社会主義協会という団体です。彼らは同時に社会党左派を形成し、ときおり共産党から「反共」と批判されるために、共産主義とは別の社会主義という考え方を持っていると誤解している人がいますがそんなことはありません。

日本共産党と社会主義協会の主メンバーは戦前から共産主義運動の担い手でした。ただ、戦前の日本をどんな社会と理解するか、その結果として次に来る革命をどんな革命と捉えるかという点で、理論的に対立していたのです。彼らの対立は「日本資本主義論争」と呼ばれ、理論を発表する媒体によってそれぞれ講座派、労農派と名付けられました（講座派は『日本資本主義発達史講座・全七巻』（岩波書店）、労農派は雑誌『労農』に由来します。ちなみに講座派は共産党系で労農派は旧社会党系です）。

まず、彼らは双方とも共産主義は科学であり、唯物史観は絶対の真理だと疑いません。対立点は、当時の日本が唯物史観でいうところの資本主義社会になっているのかどうかでした。講座派は、日本はまだ資本主義社会になる前段階であり、西欧の絶対王政と同レベルの社会だと捉えました。それゆえ、次に来る革命はフランス革命のようなブルジョア革命であり、倒すべきは絶対王政＝天皇制だと考えます。これに対し、労農派は明治維新を不完全ながらブルジョア革命であったと考え、次に来る革命は社会主義革命だとします。

講座派＝共産党は当時の絶対的タブーであった天皇制の打倒を目指したために、戦前・戦中は政府に厳しく弾圧されましたが、理論的には直接社会主義革命を目指した労農派の方が過激であったとも考えられます（ただし、労農派は日本においては平和革命が可能と考えていました）。

戦争の激化によって共産主義者への弾圧が一層厳しくなると共産党幹部はほとんどが刑務所に送られましたが、労農派の人たちは四散し、中には国家社会主義者（ナチズムやファシズムに類似する思想）に転向して政府に積極的に協力する者までできました。

時は流れて敗戦時、獄中から解放された共産党幹部は進駐軍を「解放軍」と位置づけます。フランスの周辺国がナポレオン戦争を機に絶対王政から資本主義に移行したように、日本も他国の軍事力によって資本主義社会に移行できたと捉えたわけです。

しかし米ソ対立による冷戦が勃発すると、一九五〇年に日本共産党は進駐軍＝アメリカを解放軍と位置づけたことをソ連から批判されます。共産主義の本家ソ連に批判された日本共産党は、ソ連の批判を遺憾と考える所管派とソ連に恭順する国際派に内部分裂しました。最初は国際派が少数でしたが、所管派の幹部が中国に亡命（その後死亡）し、彼らの主張する武力闘争方針が国民の支持を失う（衆議院選挙での惨敗）中、最終的に共産党内の権力は国際派に収斂《しゅうれん》します。ところが、興味深いことに共産党の権力が国際派に収斂する過程で、日本共産党は他国の共産党（具体的にはソ連・中国）に従属しないと宣言し自主独立路線を明確にしたのです。

このような共産党＝講座派の動きに対して労農派は真逆の動きをします。戦中、四散していた人たちが戦後に再び集まり『労農』の後継誌というべき『前進』を一九四七年に創刊します。続いて彼らは一九四九年に社会主義研究会、五一年にその後身の社会主義協会を設立し、その後一貫して社会党左派を形成しました。彼らは戦前の日本はすでに資本主義社会であったと考えているので進駐軍を解放軍とは考えません。最初は、労農派の伝統に戻って平和のうちに社会主義を実現しようと主張していましたが、共産党が自主独立路線を歩むとその間隙《かんげき》を縫うようにソ連に接近します。そして、一九六六年にはマルクス・レーニン主義（提唱者はスターリン）を採用することが決定され、一九六八年には「社会主義協会テーゼ」を発表し共産主義政党の独裁をめざします（ただし、ここでも平和革命が提唱されています）。それ以降、社会主義協会はマルクス・レーニン主義を絶対視し、ソ連べッタリの集団へと変貌していきました。

オールド左翼の人たちの間では、労農派・社会主義協会には昭和のファシズムと戦えなかったという点で共産党コンプレックスがあったと言われています。日本共産党のルーツはソ連共産党の日本支部です。元本部と元支部に不和が生じれば、元本部に近づくことでコンプレックスの解消を図るという行為は自然の流れなのでしょう。

いずれにしても、以上のような経緯により日教組主流派はすなわち親ソ派＝親社会主義国家派となり、資本主義国家の一員である日本政府のすることなすこと何にでも反対をするようになったのです。

新左翼の流入

六〇年代後半に大学生だった団塊の世代が七〇年代前半になると教員社会に流出しはじめます。この世代は学生運動が盛り上がった世代として知られていますが、彼らの中では、従来の左翼＝日本共産党や社会主義協会派とは異なる、いわゆる新左翼と呼ばれる集団が大きな支持を得ていました。

新左翼は、平和革命を志向する社会主義協会派や、一向に暴力革命を起こしそうにない日本共産党を「既得権にしがみついて闘わない左翼である」と批判し、自らを彼らと一線を引く戦闘的左翼だと位置づけました。そして暴力革命を真正面から肯定し、実際に火炎瓶を交番に投げつけるなどの暴行を行いました。当然ながら警察は治安を維持するために新左翼団体に所属しているだけでブラックリストに載せてマークします。今でも彼らが、ヘルメットをかぶり、サングラスをかけ、タオルでマスクのように顔を覆っているのは警察のリストに載るのをさけるためです。

新左翼の学生たちは、就職を機に学生運動から足を洗って企業戦士になった者もいましたが、足を洗わずに社会に潜入する連中も少なからずいました。その潜入先として多くを占めたのが、教員を含めた地方公務員や郵便局・国鉄・電電公社・専売公社など現業系の国家公務員です。

同じく就職するのに、なぜ足を洗った人は民間企業に就職し、足を洗わなかった人は公務員になったのか。そのなぞを解くためには、新左翼独特の「加入戦術」という考え方を理解しなければなりません。

彼らが夢想する暴力革命を実現させるためには、仲間を増やさなければなりません。しかし、まともに暴力革命を説いても相手にされるはずはないですから、なるべく思想的に近い組織に潜り込み、組織内で仲間を増やして乗っ取る戦術が考案されました。これを加入戦術と言います。加入戦術は旧社会党やその支持母体である官公労に対して行われました。こうして、七〇年代に大量の新左翼が教員を含めた公務員になったのです。

ただし、これら新左翼もまた一枚岩ではなく、仲間内でリンチ殺人事件を起こした連合赤軍、新左翼同士の殺し合いを派手に演じて「内ゲバ」と報道された中核派と革マル派、現在民主党参議院議員の江田五月や衆議院議長の横路孝弘などが参加していた社青同解放派など、多数の派閥が存在しました。

日教組主流派の中心である社会主義協会は一時期から親ソ連となりましたがそれでも理論上は暴力革命を否定しています。これにたいして、新左翼の多くはスターリンが独裁支配したソ連をも否定して（反帝国主義・反スターリン主義が彼らの合言葉でした。帝国主義とは共産主義者が高度に発達した資本主義を呼ぶ際の呼称です）、共産主義を原理主義的に捉えて暴力革命を起こそうという集団です。

もし、当時の政府や自治体が地方公務員法をしっかりと適用したならば、決して教員にはなれなかったはずですが、当時の（今もですが）政府や自治体は法律の適用を怠り、暴力革命を信奉する人間を身元調査することなく教員に採用し続けたのでした。

もともと共産主義を密教としていた日教組ですから、新左翼が大挙して流入すると組織体質は原理主義に傾かざるを得ません。若い極左教員の過激な主張に迎合し、彼らから日和見主義と批判されないために、日教組主流派はどんどん教条的になっていったのです。

密教信者は消え、日教組教育が残る

以上、日教組の教団的側面を見てきましたが、現在の日教組組合員にどれほどの共産主義者がいるのかは不明です。共産党支持者が全教を組織して大量脱退し、社会主義協会派は今では分裂して壊滅状態です。その上、加入戦術を駆使した団塊世代の新左翼は、毎年大量に定年退職をしています。

そして、何よりも共産主義をそのまま主張すると、恐れられるのではなく笑われる世の中になってしまいました。「アカは怖い」から「アカはイタい」に変ったのです。このような理由から日教組内の密教信者は、急速に減少しているのではないかと私は推測しています。

もちろん、だからといって日教組が無害というわけではありません。密教から派生したという自覚のないまま、偽りの平和教育や人権教育が民主党政権の下で拡大していくことの方が、日本国民にとってより不幸な出来事かもしれません。

第三章 「ムラ」としての日教組

校長も教頭も加入していた

日教組の組織率が年々減り続けていることは多くの方がご存知だと思います。では最盛期に何%くらいの教員が加入していたのでしょうか。

実はこれがよく判らないのです。

新聞記事などで「最盛期には八十数%の組織率を誇った日教組」という書き方をされることがありますが、その書き方は正確ではありません。日教組の統計を取り始めた一九五八年の数値は確かに八六・三%という数字でした。しかし、これは勤評闘争により組織率が下がり始めた後の数値なのです。ですから、最盛期の組織率は限りなく一〇〇％に近かったと推測できます。

文部省が組織率統計を取り始めて以降、日教組の組織率はほぼ一貫して下がり続けています。一九六五年には六三・三％、一九七五年には五五・九％となり、一九八五年には四九・五％と初めて過半数を割ります。その後、共産党系の全教が誕生した一九九〇年には三五・七％となり二〇〇四年に三〇％を割り込みました。

最終的には二〇％程度になる見込みです。というのは、新人教員の日教組への加入率が、ここ数年間二割程度で安定しているからです。およそ五人に一人が日教組に加入している計算です。この数が多いか少ないかは議論の分かれるところですが、教員のほとんど誰もが日教組に入った時代から比較すればまさしく隔世の感があります。

日教組と言えば、古くは保守系政治家、近年ではネット右翼からの攻撃により「左翼の巣窟」といったイメージが定着していますが、大多数の教員が参加していた時代の日教組教員は皆が共産主義者というわけではなかったのはもちろん、戦後民主教育に懐疑的な保守派の人も加入していました。

今でこそ校長や教頭は現場の管理職として日教組と対立関係に立つこともありますが、

日教組が設立された当初は校長や教頭の多くも組合員でした。一九五〇年頃までの教員世界は事実上ユニオンショップ（正採用時までに労働組合加入が義務付けられ、採用後組合から脱退し、もしくは除名された社員を使用者は解雇しなければならない制度）に近い状態だったのです。日教組に加入しない教員は、奇異な目で見られ日常業務にも支障をきたしました。

では、なぜ管理職のはずの校長や教頭が教職員組合である日教組に加入していたのか。答えは簡単、校長や教頭自身が自分を「管理職」と認識していなかったし、行政も彼らを管理職と位置づけていなかったからです。

勤務評定を拒否した校長たち

教師のほぼ全員が加入するという状況に変化が現れたのは、一九五〇年代後半になってからでした。第一章で概観したように、一九五〇年代後半は勤務評定を実施しようとする政府や自治体と、それに反対する日教組が激しく対立した時代でした。勤務評定を行うためには評定する者が存在しなければなりません。そして当時の常識に照らせば評定権者は学校長しか考えられませんでした。

「教員も勤め人である限り仕事ぶりを評価されるのは当然だ」というのが現在の常識ですが、当時の世論は賛成と反対が拮抗していました。また、勤務評定に賛成の人でも政府が力ずくで解決することには反対する人が少なからずいました。

左派の学者・文化人は連名で「勤務評定反対声明」を出しましたが、戦前に近衛文麿の外交ブレインだった浦松佐美太郎、後に国家公安委員を務める池田潔など保守系文化人も、相半ばする世論を意識して、岸信介総理に「話し合いによる解決」を申し入れました。実際に教員の勤務評定を実施するのは都道府県レベルですから、総理大臣に申し入れるのもおかしな話ですが、おそらくは、「世論は必ずしも政府にはない。勤務評定を強行すると内閣がたおれかねない」と判断しての行動でしょう。当時の世論は今よりもはるかに日教組に優しく、「勤務評定実施反対」の署名運動に喜んで賛成してくれる保護者も大勢いました。

しかし、政府や自治体がその申し入れを受け入れて、日教組と話し合うことはありませんでした。世論を二分してでも政府・自民党が教員世界に勤務評定を持ち込みたかった理由は何か。おそらく「教師の倫理綱領」により共産主義に立脚することを明確にした日教組の弱体化を図ったのだと思われます（当時の自民党は今と違い、左翼と本気で戦おうという姿勢がありました)。勤務評定を全国に先駆けて実施した愛媛県では、自民党幹部が「勤評を実施して昇給できる教員と落ちる教員を作れば、教組は必ず割れる。実施の責任者である校長はきっと組合の圧力にたえかねて教組を離脱するだろう。校長のいなくなった組合は弱体化するのは火を見るより明らかだ」と語っていたといいます(『教職員組合運動の歴史』労働旬報社)。

勤務評定実施の目的は、信賞必罰を導入して教員の職務精励を促すためではなく、日教組弱体化だったと考えれば、一九五八年から文部省が日教組の組織率統計を取り始めた理由も分かります。行政統計調査の目的は、政策立案の根拠か、政策効果の検証のいずれかしかありません。ただなんとなく行政統計調査を始めることなど絶対にないのです(不必要になった行政統計調査をただなんとなく続けることは多々ありますが)。日教組の組織率を見て政策を立案するとは考えにくいので、効果測定と考えるのが素直な解釈です。

でも、ことはそう簡単には運びませんでした。当時は校長を含めほとんどが日教組の組合員です。委員長・書記長などの幹部も全員校長という県さえありました。県の役人が権限を振りかざして勤務評定を強行しても、現場の校長が教員全員に対して最高点をつける(あるいは全員に標準点をつける)といった抵抗をされれば、勤務評定は有名無実に終わってしまいます。

事実そのような抵抗を見せる校長たちが最初は大勢いました。全国に先駆けて勤務評定を実施した愛媛県では、最初七〇〇名の校長が勤務評定そのものを拒否しましたし、その後教育委員会の圧力に屈して提出した評定も全員が「勤務成績良」だったのです。さらに神奈川県では、教員自身の自己反省記録を提出し、校長は助言者、相談相手として教員の教育活動を評価しないことが制度化されました（このスタイルは「神奈川方式」と呼ばれました）。

勤評闘争が学校を変えた

勤務評定実施に対する反対運動（「勤評闘争」）は日教組の歴史の中で最大の運動でした。私は、この勤評闘争によって学校は決定的に変質したと思っています。それほど長く大きな闘争でした。

では、どのように変化したのか。

第一に、地域住民を巻き込んだ長い闘争で、最初は教員に同情的だった地域社会が教員達を「よそ者」と見なし始めました。戦後の教育改革により教員は市町村職員から都道府県職員になります。村や町の学校に一生をささげる身から、辞令ひとつで遠い学校に転任する立場にかわったのです。その時点で身分的に教師は村落共同体にとって「よそ者」になったのですが、それでも戦争直後、教員は地域社会に溶け込んでいました。しかし、数年間にわたって勤評闘争を行ったこと、ストライキという手法が素朴な聖職者イメージとかけ離れていたこと、児童生徒や地域住民を巻き込む過激な闘争が少なくなかったこと等々の理由から、地域社会の教師を見る目は確実に厳しくなりました。地域社会の人々は教師を素朴な尊敬すべき対象から、自分達とは違う行動様式を持った特殊な人間と認識を変えはじめたのです。

第二は、校長教頭と他の教職員が分断され、一部の学校では校長教頭を除いたムラ社会が誕生したことです。一九五〇年代初頭において校長は名実ともに学校のボスでした。しかし、勤評闘争で校長教頭たちは途中で戦線を離脱してしまいました。集団がいかに異常な戦いをしていたとしても、戦線を離脱する者が集団内で尊敬を得ることは困難です。この闘争により多くの校長は教職員から尊敬されるボスではなくなりました。かわって校内における組合幹部の相対的地位が高まりました。

以下、この二点についてもう少し詳しく見ていきましょう。

地域を巻き込んだ闘争

一九五〇年に成立した地方公務員法には勤務評定の実施が義務付けられていましたが、教員については勤務評定になじまないという理由から行われていませんでした。ところが、一九五六年に愛媛県教育委員会は、教員の勤務評定実施を行うという方針を打ち出します。私は、先に述べたように勤務評定の狙いは日教組つぶしそのものだったと思っていますが、表向きの理由は愛媛県の財政難でした。

愛媛県は赤字財政を理由に教員の定期昇給を全員分ではなく七割分しか予算化せず、誰が昇給できるかは勤務評定で決めることにしたのです。当然、日教組は大反発して闘争に突入するのですが、このとき彼らは今では考えられないような闘い方をします。

教員が自分の校区などの地域に出向き、自分達の正当性を地域社会の人々に訴えたのです。仕事振りを評価されるのは当然だと反発された地域もありましたが、住民が教師の側につく地域もあり勤評闘争は国民運動の様相を呈してきます。

ストライキをうつのはもちろんのこと、同盟休校といって保護者に頼んで自分たちの要求が通るまで子どもを学校に行かせないという戦術も採用されました。

もっとも過激な教員は、自殺を図るという手法で反対運動を行いました。一九五八年四月、東京大田区の小学校教諭尾崎正教は、胸ポケットに「人間のなしうる最大の抗議をする」という東京都教育委員長あての遺書を入れて、都教育庁の庁舎前で睡眠薬を飲み、自殺を企てたのです。この事件を朝日新聞は、「勤務評定に教師が『死の抗議』都教育庁前で服毒　ガリ版の遺書持ち重体」とセンセーショナルに報じました。しかし、記事本文を読むと、宿直員に酔っ払いと間違われ、警察に引き渡されたあげく、タクシーで自宅に送り届けられるというなんとも締まらない内容です。それでも、新聞が好意的かつ大々的に取り上げたおかげで、この自殺未遂は全国的な注目を集めました。

過激な戦い方は長引けば長引くほど、組織にダメージを与えます。一九五七年から一九五九年までに、逮捕者二六五人（うち起訴された者一〇八人）、免職七〇人、休職四二人、停職二九九人、賃金カットなどの処分を受けた者六万一八四〇人に上る（日教組側から見た）「被害」が出ました。

そこで、一九五九年六月に高知県で開催された第二一回定期大会において日教組は

「勤評闘争を単に勤務評定だけでなく、道徳教育の押しつけや教科書検定強化など教育の反動化と連動させて幅広く柔軟な形で組織していく」ことを確認します。組合用語は難解ですが、要するにとりあえず矛《ほこ》を収めようということです。興味深いのは、この一九五九年段階では非主流派（共産党系）が断固闘うべきであると主張し、主流派が是々非々で対応しようとしている点です。このときはまだ非主流派の方が教条的だったことがわかります。

長引く闘いの中で、日教組の闘い方に疑問を持った教員は脱退し、一部の人たちは別の教職員組合を結成しました。最初は日教組に理解を示した地域社会にも、同盟休校のような子どもを巻き込んだ過激な戦術に嫌気がさすところが出てきました。

地域社会が日教組に愛想をつかした典型例として、一九五八年八月二八日の衆議院文教委員会議事録に次のような記述があります。

「勤務評定反対問題にからみまして、六月二十六日に高知県下一斉にストライキをやった。この事件の起ります前に、檮原《ゆすはら》村の各校下で、各校下民が学校の先生たちと話し合いをして、どうか学校を休んでくれるな、どうぞ一斉休暇だけはやめにしてくれ、今まで先生たちには勤務評定反対に署名してくれと言われたら署名もしてきた、しかしながら子供をほったらかしにして学校を休むことだけはやめにしてくれ、何なら五割休暇でもいいから、半分だけでも学校に残って一つ授業をやってくれ、こういう交渉をしておる。しかるに先生の方では、私たちはそう思っても日教組の指令であるから、われわれも組織委員であるから、この組織の指令というものは守らなければならぬ、こういうことで、結局先生たちは六月二十六日に一斉ストに参加した。……そこで父兄は、今まで先生たちのためにできるだけのことをしてきた、ここの小学校は大半父兄の醵出《きょしゅつ》によって、父兄の金によって建てられた小中学校である、それから別に先生の舎宅が建っておる、これも去年父兄が先生に住んでもらうためにということで、自分たちの金を出して建てて、現在もその所有は部落民が持っておるというようなことで、先生のために、今までの教育ということに対して非常に熱心である先生に対して、尊敬の念を払ってきたが、今度の場合に、ここまでわれわれが頼んでおるのに、先生たちは——子供があるがゆえに教育というものはある、その大事な子供をほっぽり出しても、日教組の指令に従わなければならぬ、こういう先生に子供を頂けておいても教育効果が上らないじゃないかというところから、同盟休校をやろうということを言い出した」（自民党・原田憲委員発

言抜粋）

　こちらの「同盟休校」は、日教組を支持するためのものではなく日教組に反対するための同盟休校で、村民達が教員に対する不信感から子弟を学校に通わせることを拒否したのです。それだけでなく自分たちが造った教員住宅を信用できない教師などには使用させないと村人が実力行使にでて社会問題となり、国会に取り上げられた事例です。教育を放棄して政治闘争をする教員に対する村人たちの素朴な怒りが伝わってきます。

　ちなみに、議事録に出てきた「日教組の指令であるから、われわれも組織委員であるから、この組織の指令というものは守らなければならぬ」という部分ですが、この理屈は現在では（論理的には当時でも）通用しません。

　日教組に加入している組合がストライキを行うか否かはあくまで、都道府県レベル（政令指定都市では市レベル）で判断するのが建前です。しかも、教師達は「スト権一票投票」（組合員各自がストライキの賛否を○×で意思表示する投票）という儀式を行って多数決によりストライキを行うか否かを決めています。ですから、都道府県レベルで教職員が断固ストライキをしないと判断し、皆で×をつければストライキは行われないのです。

では、「日教組の指令」にはどんな意味があるのか。日教組の指令を受けて行ったストライキで都道府県教組の幹部が懲戒免職になったとしましょう。都道府県レベルの判断で行ったストライキならば彼は一生を棒にふることになります。「スト権一票投票」で〇を付けた教員は同情してくれるでしょうが、何の保証もしてくれません。ところが、そのストライキが日教組の指令に基づくものだったら、免職になった幹部は一生分の賃金を日教組に保証してもらえるのです。

管理職手当が進めた校長の組合脱退

日教組が勤務評定に対する反対署名を地域社会にお願いできたのも、村人がストライキを理由に教員住宅を閉鎖するほど過剰に反発したのも、日本人がまだ「先生」を信頼していたからです。その時代、中でも校長の権力は絶大でした。一九五〇年代当時の校長の力を物語るエピソードを教員の自費出版自分史から紹介しましょう。

以下は、新人教員が赴任する前日に校長に挨拶に行き、始業時間ちょうどに入室したことを怒鳴られるシーンです。

「一九五四年三月三十一日。……関祐子は金沢市立桜木町小学校に向っていた。……時計を見ると八時二十八分……『すぐ職員会が始まるから応接室へ。』／と、言われる。慌てて皆の後について入り、空いていた末席に座った途端、／『今、一番最後に入って来たのは誰だ！』／大声が降って来た。／『はい。新任の関祐子です。よろしくお願い致します。』／……『馬鹿野郎！お前は始業を何時だと思っとる。』／『はい。八時半と。』／『この学校の八時半は五分前だ。よーく覚えておけ！』」（橋本信子『学校が消えた七つの随筆　旅日記』、二〇〇六年）

新人教諭をどなりつけているのが校長です。就任前日に挨拶に来た新人教諭を、こんな風に怒鳴り散らす校長など今はいません。校長が怒鳴れる相手は、教頭と教頭試験受験者くらいです。部下を怒鳴りつけるような校長は、すぐにモラルハラスメントで訴えられて処分を受けるでしょう。しかし、当時の校長の権力は絶大だったのです。

これほど絶大だった校長の権力を揺るがしたのが、校長の管理職化でした。勤務評定の実施だけではビクともしなかった校長と他の教職員の連帯をあっさりと打ち破ったもの、それは結局お金だったのです。勤務評定に対する日教組の反対闘争は一九五七年から五九年まで続いた大闘争でしたが、その最中の一九五八年七月「市町村立学校職員給与負担法一部改正法」が国会で採決され、校長に管理職手当が支給されることになりました。

日教組は直後の第一八回臨時大会において、

「管理職手当を支給することによって、校長に管理職であるかのような幻想をおこさせ、権力の末端であるかのような錯覚をいだかせようというのである。そして、そのことを通じて、政府・文部省は校長の組合離脱をそそのかし、職場を分離と混乱におとしいれ、さらに勤務評定の実施を促進しようとしている」

と批判し、管理職手当の返上闘争（第二一回定期大会）を試みます。

しかし、校長たちは組合の言いなりに手当てを拠出しようとはしませんでした。

「はじめは、おもはゆがっていた校長たちも、『くれるものは、もらうさ』となり、そして、『管理しているのだから、これくらいは』と後退し、『管理職だから当然だ』となって、はてはおくめんもなく、七パーセントから十パーセント、十二パーセントへとひきあげの要求をだし、その運動をはじめました。／教頭も、全国教頭大会をひらいてそれを要求し、間もなく実現させました」（荻野末『ある教師の昭和史』一ツ橋書房、一九七〇年）

管理職手当返納要求は校長たちの組合不信を生み、彼らは次々と組合を脱退していきます。多くの教頭たちも校長に続いて組合を去りました。

ところが、校長が組合員でなくなり教育委員会の命令を実行に移す管理職になると、その地位に変化が起こります。一言で言えば「自分達の仲間」ではなくなってしまったということです。

学校というところは、同じ公務員が勤める場所でも役所とは全く異なる空気が支配しています。役所は、一人の部長の下に複数の課長、一人の課長の下に複数の係長、一人の係長の下に複数の係員というように職階がピラミッド構造になっていて、上位者の命令は絶対です。極端に言えば組織のトップがサル並みの人間でも、下位者は彼をボスとみなして言うことには従います（組合支配が強すぎる関西の自治体は違うようですが）。ところが学校というのは、ピラミッド型ではなく鍋蓋型の職階制で上位者の命令が絶対であるという文化がありません（むしろ、ウラ組織の日教組の方があります）。その上、機能集団でさえありません（かなりピュアな共同体です）から、トップ＝校長が実質的なボスでないと誰も言うことを聞かなくなるのです。

組合が一枚岩で、しかも組合の役員を校長がやっていたような時代は、皆が校長をボスとみなしましたが、校長教頭が組合から分断されると校長がボスと見なされるか否かは、ひとえにその人の人心掌握力にかかってきます。人心掌握に成功した校長は相変わらずボスであり学校ムラの村長ですが、人心掌握に失敗すると教育委員会の回し者、ムラで言えば県警から一人派遣されたおまわりさん（駐在員）のような立場になってしまうのです。

人と人の関係は相互に影響を与え合いますから、非管理職側のスタンスによっても校長の立場は変ります。組合が一九七〇年代以降の非主流派（共産党系。今の全教）のように「校長を敵として扱ったそれまでの日教組の態度は間違いだ。校長には教育委員会の末端管理職という側面と我々と同じ教育者の側面がある」というスタンスでいてくれれば校長は一応ボスとして扱われやすいのですが、当時の日教組は脱退した校長を敵と見なしたので、彼らが実権を握った学校での校長は本当に厳しい立場に立たされました。

校長のタイプと組合支配の相関

以上、勤評闘争により学校が地域から浮いた存在になってしまったこと、校長の立場が必ずしも学校のボスではなくなったことの二点を見てきました。

このように学校が変質すると、典型的には三種類のタイプの校長が誕生し、そのタイプによって教職員組合が学校運営に様々な影響を与えるようになります。これは現在の学校にも概《おおむ》ね該当するので、日教組を語るときによく問題となる卒業式・入学式での国旗国歌問題と絡めて彼らのとりがちな対応をスケッチしてみましょう。それぞれのタイプが鮮やかにイメージできると思います。

駐在型校長――校内の人望的支持基盤がまったくない校長です。このタイプはさらに、教育委員会の指導を忠実かつ強硬に実行しようとする「下級官吏型」と、教育委員会の指導と現場の声の強い方に従おうとする「日和見型」の二つに分類することが可能でしょう。前者は学校現場からすると困った人ですが、本人のメンタリティは強固なので校長職をまっとうするのに迷いがありません。教職員全員に反対されても躊躇《ちゅうちょ》することなく教頭と二人で国旗を掲揚し、国歌斉唱を式のプログラムに組み入れます。対して日和見型には「人は悪くない」というタイプの人が多いため、どちらも強硬姿勢を崩さない場合、国旗国歌を巡って校内は紛糾し、式の運営は暗礁に乗り上げてしまいます。現実の校長にもっとも多いタイプです。国旗国歌問題を巡り、教育委員会と日教組の板ばさみになって自殺する校長は、ほとんどこのタイプと言えるでしょう。というのは他のタイプの校長たちは、そもそも板ばさみにならないからです。

傀儡《かいらい》君主型校長——物分りの良くなった日教組非主流派（共産党系＝現在は全教）が支配する学校で多く見られたタイプです。実態としては完全に組合に抱き込まれているのですが、日常の学校運営ではとりあえず顔を立ててもらえます。本人も非管理職時代に日教組非主流派に属していた場合が少なくありません。革新自治体（社共両党に担がれた首長を有する自治体）が誕生したころは、このタイプが主流でした。校長人生を平穏無事にまっとうしやすい、ある意味幸せな校長です。

教育委員会から卒業式・入学式での国旗掲揚・国歌斉唱を厳命されても、このタイプの校長は難局を上手く乗り越えます。卒業生や新入生が入場するもっとも騒がしい時に壊れかけのラジカセで国歌を流し、しわくちゃの国旗を緞帳《どんちょう》（講堂や体育館正面にある大きな幕）の影の見えるか見えないか微妙な場所に立てかけておくのです。

教育委員会からすれば命令は守られたのでそれ以上この問題を追及するのは困難だし、組合も事実上自分達の勝利だと認識します。まあ「教育委員会の強行は許さない！」なんてポーズだけのビラは撒《ま》きますけど。

名望家型校長――名実ともに学校のボスである校長です。年配の教員が「今では少なくなった」と嘆くタイプです。思想信条はバリバリの保守派からリベラルまで様々ですが、共通するのは人柄や能力によって教職員の人心を掌握していることです。教育委員会から厳命が下ると教職員の側で「あの校長を窮地に立たせるわけにはいかない。ここは組合が折れるべきだ」という空気が流れます。組合幹部の権力は、組合員の支持あってのものですから、この空気が流れると校長に太刀打ちできません。また、このタイプの校長は、組合役員のメンツを立てることも忘れません。組合役員には、式会場の受付係や教室での保安要員、会場裏でのミキシング等の仕事を与え、彼らが自分に屈服して国歌斉唱時に起立する姿を組合員の前でさらすことを避けるのです。組合役員に対して「武士の情け」を示す行為と捉えていいでしょう。この寛大な処置が次年度以降の支配を担保するのです。

以上三つのタイプの校長について解説しましたが、それぞれのタイプによって日教組幹部の相対的地位が変化します。

駐在型校長の場合、もはや校長は学校ムラの住人ではないので皆が頼りにするのは組合幹部になります。新人教員の加入と密教信者化がいっきに進むのはこのタイプの校長の下です。

傀儡君主型校長の場合、学校運営の実権は組合幹部が握りますが、人望まで組合幹部に集まるとは限りません。校長でもないのに学校を牛耳る組合幹部に不満を持つ教員も少なくなかったりします。

名望家型校長の場合、組合は影を潜めているか学校運営に協力的かのどちらかになります。

かくして、校長のタイプにもよりますが、卒業式・入学式に限らず教職員組合は学校運営の様々な場面に影響を与えるようになるのです。

情実採用の構造

日教組が影響力を持つのは日常の学校運営だけではありません。多くの自治体では教員人事についても多大な影響力を有しています。次はその構造について解説しましょう。

二〇〇八年に大分県の教職員採用試験に絡んで汚職事件が起こり、捜査の過程で教育委員会と教職員組合が人事について事前協議を行っていることが明らかになり、世間から非難を浴びました。

私としては「何をいまさら騒いでいるのか」という思いもありましたが、世の中が浄化されるときは、一部の人間には常識だった事実が改めて問われるものです。そうです、こんなことは大分県に限りません。田舎の教員採用試験にコネのウエイトが高いことなど、教育関係者や教員採用試験受験者の間では常識でした。地方出身だけどコネがなかったという理由で東京都の教員になった人を私は大勢知っています。そして、コネで物事が動く時には、同時に金も動くという風習がある地方は決して少なくありません。

ちなみに、教育界最大のコネクションは、地元の国立大学教員養成学部出身者であることから生まれる人脈（つまり学閥）です。地方の教育界は、国立大学教員養成学部の教授・教育学部附属校の教員・県教育委員会内の教員出身者・市町村教育委員会の教員出身者・校長会・教頭会・教職員組合の連合体から成る巨大な一家なのです。そして、彼らを一家と考えれば、一家の一員になるかどうかに情実が働くのはむしろ自然というべきでしょう。だからといって二一世紀の現代社会でそれを認めていい訳はありません。

転勤も昇進も

情実が働くのは採用だけではありません。採用後の転勤においても同じです。そうなると教員一家の一員として教職員組合も転勤に介入してきます。

教員の転勤人事の建前は、①次年度の生徒数により教員の人数が決まる、②校長が次年度に異動させるべき教員のリストを教育委員会に提出する、③教育委員会が異動対象者リストを調整して各学校に適正な人数の教員を割り振る、ということになるはずです。

実際、学校以外の官公庁の転勤人事は概ねこのような流れで進んでいきます。

この流れがスムーズに進むのは、本庁も出先も「同じ役所である」という一体感があるからですが、学校と教育委員会の間にはそんな一体感はありません。学校は小さな共同体で、教員及び元教員である教育委員会の指導主事たち（それと教育学部の教授）だけが一家なのです。教育委員会の人事部門（俗に「事務屋」と呼ばれる行政マン達）はよそ者に過ぎません。そうなると①②③の過程は、まったくスムーズに流れなくなります。

①次年度の生徒数により教員の人数が決まるのは、一クラスの人数が法律や条例で決まっているからです。例えば一クラス四〇人以内と決まっている自治体があるとします。次年度のそれぞれの学年が四〇人以下になるか四一人以上になるかは学校にとって重要問題です。なぜなら、それで教員の定数が決まるからです。

その定数が決まる微妙な時期に保護者が引っ越しを予定していたらどうなるでしょう。引っ越す予定を役所に告げる人などいませんが、子どもの担任の先生には転校する予定を告げるのが普通ではないでしょうか。ここで担任のヒラ教員は学校運営上の重要情報を瞬間的に独占します。そうなると、ヒラ教員ネットワークである教職員組合は、次年度の本来あるべき教員定数を最も正確に把握できる立場に立ちます。

一方、校長は教員がたくさんいればいるほど学校運営は楽ですから、教職員組合と共謀して次年度の生徒予測を過大申告しようと試みます（転出情報の隠蔽、転入情報の過大見積り）。この際、よそ者（教育委員会の人事部局）に虚偽情報を申告することに良心の呵責《かしゃく》など皆無です。

② ①の段階で教職員組合と共謀しているのですから、異動対象者リストを素直に提出するはずがありません。どの教員が異動対象になるかは、通常「何年以上在籍しなければならないか（例えば二年）」と「何年以上在籍してはならないか（例えば八年）」という二つのルールによって決定されます。本来校長は、このルールに従い八年以上在籍している教員全員と二年以上在籍していて次年度の学校運営上不要と判断する教員のリストを教育委員会に提出することになるのですが、素直にそんなことをしてヒラ教員集団の恨みを買うのは学校運営上得策ではありません。二年以上在籍している教員については学校運営の観点よりも本人の希望を優先した方が結局ヒラ教員集団総体の協力を得やすくなります。また、八年以上在籍している教員でも家庭の事情などで異動したくない教員がいれば「次年度の学校運営に〇〇先生は不可欠」と言ってルール適用の例外を教育

委員会に掛け合う方が、人望が増すのは当然です。また、教職員の希望や事情を斟酌《しんしゃく》した人事を行うように校長に圧力をかけるのは組合の最も得意な分野ですから、校長は組合の主張どおりの異動リストを出した方が次年度の学校運営をやりやすいという「共犯関係」の温床ができあがります。

教員人事特有の現象は、③の段階でも見受けられます。人事には苦情がつきものです。しかし、膨大な人数の教員人事を扱う教育委員会の人事部局自身にとって、教員からの苦情に個々に対応するのはほとんど不可能です。そこで、調整権限を事実上校長会に預けるところが少なくないのです。校長たちは教員一家ですから、教育委員会に比較すればはるかに各教員の個別事情（有能か無能か、健康か病気がちか、家庭的事情があるか等々）を把握しています。ただ、そうは言っても情報量では校長会も教職員組合にはかないません。①②の段階ですでに共犯関係にある訳ですから、何の躊躇もなく教職員組合と事前調整しながら校長会は自分達の人事案を作成し、教育委員会はよほどのことがない限りそれを了承するという図式が、多くの自治体で採用されているのです。

かくして、①②③すべての段階で教職員組合は教員人事に介入することができるのです。

昇進も決める教職員組合

人事の共犯関係が強固過ぎると、教職員組合から推薦を受けないと校長教頭になれないという信じられない事態さえ発生します。自民党有志でつくる日本教職員組合問題究明議連（会長・森山真弓元文相）は、二〇〇九年一月に兵庫県西宮市教職員組合が会報「西教組ニュース」において「ここ数年は、教頭任用者のほとんどが組合推薦です」と記述していることを告発しました。さらに「西教組ニュース」は「行政や非組合員からの（教頭）任用をどう減らすかが今の重要な課題」とまで記していたそうです。

さすがに、非組合員の出世を邪魔する例は私も知りませんでしたが、組合役員の昇進が早いことは教員世界の常識でした。一九七二年に発行された『日教組を斬る』（福島恒春著、日新報道）は組合が出世の足場であること、組合専従者は三〇歳前後で教頭になることも珍しい例ではないことを指摘しています。

一九八二年に発行された『月刊教育の森』二月号は、「出世する教師　しない教師」という特集を組んでいますが、そこでも教員が早く出世する道として行政に転出する道の他に、組合役員をする道があることを指摘しています。

教員一家意識の中で採用や転勤に影響をもつ教職員組合が、昇進だけには影響をもたないと考える方が、むしろ不自然かもしれません。

雑多なムラ人たちの素晴らしい教育

以上、日教組がムラ意識、一家意識に支えられて強い影響力を有していることを指摘してきましたが、「日教組＝偏向教育を推進する団体」という面でのみ日教組を捉えると、事実を見誤ることも指摘しておかねばなりません。

もし日教組が純然とした偏向教育を推進する団体であるならば、日教組の組織率が高い地域ほど偏向した教育が行われていることになりますが、それは事実ではありません。教職員組合の組織率が高いと、それだけ普通の（思想的に偏向していない）先生達が日教組の組合員になりますから、逆に怪しげな教育は支持されにくくなるのです。これは、県レベル、市町村レベル、学校レベルの全てに該当します。

例えば、日教組出身政治家である民主党参議院議員会長輿石東氏を選出している山梨県は、日本有数の日教組が強い県です。二〇〇四年の参議院議員選挙では、産経新聞が、日教組系の山梨県教職員組合が輿石東氏に対して組織的な選挙協力や献金を行っていることを問題にしました。しかし、山梨県で偏向教育がさかんかというとそんなことはありません。むしろ、国旗国歌問題などでは山梨県の国旗掲揚・国歌斉唱実施率は昭和の時代からほぼ一〇〇%であり、優等生といっても過言ではありません。

また、当たり前ですが日教組に加入している先生にも、素晴らしい教育をされている方は大勢います。そんな例を一つだけ紹介させてください。

私は、新潮新書の前作『いじめの構造』を出版したのをきっかけに自分のブログを持つことにしました。この本はいじめの入門書として、よくまとまっていると自負していますが、唯一の欠点はいじめの渦中にある人（いじめられている子どもやその保護者）が読んでも、何の救いにもならないところです。だからせめてもの罪滅ぼしにと思って、読者からの意見や批判、相談などに応えようとブログを開設したのです。

普段は閑散としたブログですが唯一多くの読者を獲得し、大反響・大論争を起こしたページがあります。それは、日教組に加入している先生が実践されている「いじめ対策」を私なりにまとめて『この「いじめ対策」はすごい！』と題してブログに転載した時でした。

以下、抜粋します。

「先日、あるいじめ関係のシンポジウムにパネラーとして参加しました。

その席上、長野県の中学校の先生が実践されている『いじめ対策』は、目から鱗《うろこ》が落ちる素晴らしいものだったので報告したいと思います。

それは、以下のような手順で行われます。

一　いじめの認知は、本人、親、友人の誰からの報告であっても『この事態を心配している人から報告があった』で統一する。

※いじめ加害者やその親は『誰がそんなこと言った』と言いがちなので、教員側の対応を統一しておくことは極めて有効と思われます。

二　必ず、一人の教員ではなくチームで対応する。

※チーム対応は教員の一番苦手とするところですが、是非克服してほしいところです。

三　複数の加害者（大抵そうです）と複数の教員が別部屋で一対一で対応する。

※ここで、各加害者の発言に矛盾が生じます。
四　一五分後に部屋に加害者を残して教員が集合し、情報交換・矛盾点の分析を行う。
五　三・四を繰り返し追及することで、加害者に『いじめの事実』を認定させる。
※三・四・五は明日からでも実行できるノウハウではないでしょうか。
『加害者に吐かせる』必要のある仕事（刑事に限らず税金徴収員等々も）ではよく使うテクニックです。
六　事実を認めた加害者に対し、『泣くまで』反省を迫る。
※ここは教師の真骨頂です。
中学生ともなると（特にいじめの加害者のような奴は）脅すだけでは、まず泣きません。

そこで、刑事ドラマのカツどんに当たる要素が必要になるそうです。

加害者ががんばってきたことの写真（部活動や体育祭・文化祭他）などを見せて、

『なのにお前は、今、何をやってるんだ』みたいな感じで迫るらしいです。
七　いじめの事実を認め、『泣くまで』反省した加害者は、通常、被害者に謝りたくなるのですが、
すぐに謝らせることはしない。

※すぐに謝ると加害者が『すっきり』するからです。
八 少なくとも一週間の時間を置いて、加害者に謝ることを許す。
※被害者にとって、加害者から謝ってもらうことは大きな癒しになるという報告を別の会合で聞きました。(以下、略)」

いかがでしょう。

この対策に対する評価は人それぞれだろうと思います。実際この記事に対する評価(ブログ内のコメントや他ブログでの反応)も「素晴らしい」「どこが素晴らしいのかわかりません」「泣くまで追い詰めるのはやりすぎ」「こんな程度で本当のいじめは解決できない」等々、正反対の主張が入り乱れていました。

しかし、これだけは言えます。

巷間《こうかん》言われている「日教組の教育」では、こんな「いじめ対策」は絶対にできない、と。日教組を批判する人の中には、日教組に所属する先生は、皆やる気がなくて、定時で帰るダメ教師ばかりのように言う人がいます。それは、学校の現実を見ない空疎な意見です。もし、本当にそうならば、どれほど話は簡単か。

日教組に加入している先生にも立派な先生は大勢います。そして、保守的な思想を持つ先生にもダメ教師はいるのです。国旗国歌問題でにわか保守を気取る校長や教育委員会の役人などはむしろダメ人間の方が多いくらいです。そういう連中は、いじめ問題のように保護者からの苦情を覚悟して本気で取り組まなければならない問題には腰が引けてしまいがちです。

安易な日教組批判の危険性

日教組の組織率は三割を切りましたが、県レベル、市町村レベル、学校レベルで見れば教職員のほとんどが日教組組合員というところは存在します。そういう所で、かつ校長が教育委員会の回し者のような人物だと、今でも日教組が一つのムラのように機能しています。仕事上の協力関係、新人の教育、プライベイトな相談ごと、アフターファイブの付き合い等、何から何まで日教組組合員内でほぼ完結する学校や地域が今でも残っています。

その上日教組は、地域・都道府県・全国をネットワークする組織ですから、日常的な共同体的帰属意識（ムラ意識）が全国的な帰属意識へと発展しやすいのです。この辺りは文部科学省・都道府県教育委員会・市町村教育委員会・学校というオモテの組織よりも、ウラ組織である教職員組合の方がはるかに上手です。文部科学省や教育委員会が学校横断的に研修などの名目で教員を集めて何をしても、しょせんは上からの「職務命令」で出かける集会であり、組合役員から誘われて「自主的」に出かける集会とは、求心力が違うのです。

そして忘れてならないのが、どんなムラでもムラ人はムラを守るという習性を持っているという点です。この点を忘れて、日教組教員はけしからんとやると、真摯《しんし》に教育に取り組んでいる先生方まで敵にまわしてしまいます。

私は、日本の教育を正常化（日本国民の幸福と日本国の発展に寄与）するためには、なんとしても日教組を弱体化または正常化する必要があると思っています。ただ、それを望む多くの人々とは、方法論において意見が異なります。

「戦後教育を悪くしたのは日教組だ」と一〇〇万回怒鳴っても現状は変わりません。それどころか、そういう主張をする人たちの多くは日教組と共犯関係にあったのではないかとさえ思っています。それを次章で考えてみたいと思います。

第四章　「戦犯」としての日教組

「日教組が日本の教育をダメにした」という神話

会社の幹部が「わが社の営業をダメにしたのは営業所の労働組合です」と言ったとしたら、その幹部は間違いなく皆の笑い者になるでしょう。それと同様に、一九五五年の保守合同以来、ほぼ一貫して政権をとり続けた自民党の幹部や政府首脳が「日本の教育をダメにしたのは日教組だ」と主張すれば、嘲笑すべきは日教組ではなくその言葉を発した本人のはずです。ところが、このような発言が多くの自民党政治家や自民党政権を支持する人から繰り返しなされてきました。これはいったいどういう訳なのでしょう。

日教組が表面的には「民主主義」を唱えながら実のところ幹部は共産主義者で占められており、社会学や政治学でいうところの「顕教（又は公儀）」と「密教（又は秘儀）」を使い分けていたことは第二章で述べたところです。誰も反対できない「民主主義」を看板にして教員を結集し、教師に対する学習活動や教育活動を通じて教師や生徒さらには保護者までをも共産主義の信奉者にし、最終的には共産主義国家を建設することが日教組幹部の目的でした。いったい何人の幹部が本気でそう思っていたのか判りませんが、少なくとも「教師の倫理綱領」を発表した当時の最高幹部たちはそのような意図を持っていたことは確実だと思います。

ですが、五〇年前の日教組幹部の意図はまったく達成されず、日本は今でも資本主義国家です。目標はついに達成されなかったのです。それどころか彼らが理想としていたソ連は崩壊し、中国は共産党一党独裁ながらむき出しの資本主義経済をひた走り、北朝鮮は世界のお荷物国家として軽蔑されています。さらには日教組自身も組織率三割を割りこみ、生徒や保護者が共産主義思想に洗脳される様子はまったくありません。

客観的に見るならば、日教組に日本の教育をダメにする力などあるはずがない、そう考えるのが自然です。しかし、「日教組が日本の教育をダメにした」という主張・神話は現在でも年配者から若者まで多くの信者を獲得しています。本章では、弱体化する一方の日教組が何ゆえこのような過大評価を受け続けているのかを考察したいと思います。

とにかく批判されつづけた

まず、日教組批判の具体例を先に見ておきましょう。

勤務評定反対闘争が激しかった時には、身内のはずの社会党員だった平林たい子氏からも批判されました。

「働いたものだけをうけとる――これが勤務評定ということではないだろうか。それはまた資本主義社会、社会主義社会を通じて働くものに与えられる大原則だと思う。その意味で勤評には原則的に賛成だ。仕事の能率や人格などを科学的、合理的に検討せず、大づかみにやることこそ封建的であり、ある意味で侮辱でさえある。だから労働者はむしろ、公正妥当な勤務評定を要求した方がいい」(読売新聞一九五八年九月六日)

身内でさえこうですから、作家の今東光氏になると筆鋒はさらに鋭くなります。

「口に平和をとなえ、民主教育を叫んでも、勤評阻止の手段を〝闘争〟とするからには、警官に弾圧されようが、右翼になぐられようが当り前だ。……日教組など、あまりいい気になってラジカルな闘争をしていると、たたきつぶしてしまえといいたくなる。純正な教育を守るためにだ」（東京新聞一九五八年八月二七日）

勤評闘争は、良識派が日教組を教育の敵と見なす分岐点となったようです。

「日教組は今や日本における最も大きな、そして最も鋭いキバをもった団体になっており、あらゆる意味で、それはユニークなものといってよい。……なぜ、このような一種の〝怪物〟が戦後日本に発生し、その生命を維持しつづけているのであろうか。／……わが国の教育が現在の日教組の政治的思想的野望の具に供せられるようなことのないよう……正常な教育の姿が確立されることを念願してやまない……」（塚原嘉平治『日教組』創美社、一九五九年）

聖職者論争や主任制度反対闘争で揺れた一九七〇年代も日教組戦犯説は盛り上がりました。

「日教組が、保守政府の文教政策にことごとく反対して、対立抗争する以上、教育現場は平穏たり得ない。……日本の教育は……混乱と波乱が間断なく生じ、迷惑を受けるのは、子どもと、父母を含めた国民大衆である。／悪平等を主張して、管理職である校長に挑戦することにのみ終始して、対立関係を生み、学校の混乱を招き、父母はわが子の教育を託するに足らずと他へ、転退学していく実例は、現在東京都に相当数ある。……（筆者注・政治的中立性の堅持等の提言をした後）これさえできないなら、日教組は、国民大衆――父母並びに、児童・生徒の信頼と寄託に応えることができないのだから、即刻解散して、出直すべきである」（福島恒春『日教組を斬る』日新報道、一九七二年）

その後も教育荒廃の責任は日教組にあるとする本が出版され続けています。

校内暴力が吹き荒れた一九八〇年代は、日教組が最大の責任者になりました。

「戦後生まれた教職員組合は、反体制的な思想を持った、いわゆる進歩的学者や文化人の影響を強く受け、教育を社会主義革命の具とするため、教育を行政の手から奪い、組合の意のままに支配しようとたくらんできた。（筆者注・その後、校内暴力などの教育崩壊の責任は教育行政、校長、日教組、マスコミ、社会全体にあるとして）……これらのなかで、誰が教育崩壊の最大の責任を負うべきかといえば、それは日教組にあるといわざるを得ない。……日教組は、各都道府県教組の連合体に過ぎず……国民に対してはなんら責任を負うことのできる立場にはない。にもかかわらず日教組は『教師の教育の自由』を主張することによって、教育を自分たちの意のままに支配しようとしている」（滝原俊彦『日教組に子供をまかせられるか』日本工業新聞社、一九八一年）

国旗国歌が問題になったときも、もちろん日教組が糾弾されます。

「戦後の復興と繁栄は、経済的分野に於て見事に達成した。しかし、政治的分野は三流と評価され、その基礎をなす国民の精神的立ち直りは、占領政策下と今なお、五十歩百歩と言わざるを得ない。この阻害者は、一体誰か。戦後四十年間、日本の教育を壟断《ろうだん》した日教組である。日教組五十万教師の謬見を匡正《きょうせい》することなくして、日本の精神的復興は望むべくもない」／「マルクス・レーニン主義で武装した筋金入の日教組書記長が、『今回の通知（筆者注・文部省が都道府県教育委員会に国旗と国歌の適切な取扱の徹底を指導した通知）は教育への不当な国の介入であり、強制、義務化に対して各職場での反対闘争を強化する』と、表明するのは当然である。何故なら、マルキストには日本の国家も、日本の民族もあろう筈がないからである。ましてや、二千年の伝統を持ち、日本人の求心的存在である天皇制を嫌悪こそすれ、支持する筈は勿論有り得ない」（工藤忠雄『国旗「日の丸」・国歌「君が代」考』近代文藝社、一九九〇年）

二一世紀に入って、ジェンダー・フリーが日教組批判の切り口として加わりました。

「『性感染症』に関して想起されるのは、日教組の主導により、近ごろ全国で、猛烈な勢いですすめられている『ジェンダー・フリー教育』である。これはエンゲルスの思想に由来するもので、『男女平等』という羊の皮をかぶっているが、その中身は『性別破壊』という狼である。……また、『ジェンダー・フリー教育』の一環として、『異常な性教育』が行われていること、そしてそれが『フリー・セックス教育』と化していることなどは、すでに多くの識者が指摘し、一般にも広く知られている」（松浦光修『いいかげんにしろ日教組』ＰＨＰ研究所、二〇〇三年）

延々と続く日教組批判には、もちろん当を得たものもたくさんあります。一九九〇年代の国旗国歌反対運動や近年のジェンダー・フリー教育に日教組が大きな影響を与えていたことは事実です。しかし、校内暴力の最大の責任は日教組にあるとか、最近の学力低下は日教組のせいだといった論に私は賛成できません。栃木県は全国有数の日教組の弱い県で、代わりに保守系の教職員団体の組織率が高いのですが、他県に比較して暴力犯罪が少ないとか学力が高いという話は聞いたことがありません。ですから、この二点を日教組の責任にするのは相当無理があります。あれもこれも日教組が悪いというのではなく、もう少し冷静になる必要があるのではないでしょうか。

飲み屋論壇的戦犯説

本書では一連の「日教組が日本の教育をダメにした」という主張・神話を「日教組戦犯説」と呼ぶことにします。この説は概ね以下の内容を含んでいると考えてよいでしょう。

①戦後教育は戦前教育よりも劣っている。
②よって戦後教育を受けた人間は戦前教育を受けた人間よりも劣っている。
③戦後教育をリードしたのは日教組である。
④だから、現代の日本人が戦前の日本人より劣っているのは日教組の責任である。

日教組が設立されたのは一九四七年ですから、正確には戦後二年たってからですが、ほぼ戦後教育とともに誕生したと考えて差し支えないでしょう。

私はこのような日教組戦犯説には与《くみ》しません。但し、日教組を擁護するつもりは全くないし、この団体を高く評価するつもりもありません。戦争直後はともかく、幹部が密教信者に独占されて以降、現在まで日教組はろくでもない団体であり続けていると思っています。しかし、その「ろくでもなさ」を正確に把握しなければ、今後の日本において、日教組の悪影響から子どもを守るために何をすればよいのか、日教組を支持母体とする政権与党民主党にどのような文教政策を要求すべきかといった点が見えてこないのです。

日教組戦犯説は左派に偏った日本の教育系学会では全くの少数派でしたが、世間では極めて多大な支持を集めています。それは「飲み屋論壇説」と称しても過言ではないでしょう。もちろん、飲み屋論壇説は先に紹介した国旗国歌問題やジェンダー・フリー教育批判ほど具体的ではありません。

「だいたい、学校の先生がストライキをするのがけしからん。労働者だからストをするのが当たり前だといった日教組が今の教育をダメにしたのだ」

「授業もろくにしないで政治にうつつをぬかす先生ばかりなら、子どもの学力は下がって当たり前だ。先生を扇動する日教組をつぶさなければ教育はよくならない」

とでも言っておけば、教育に一家言ある人として飲み屋ではカッコがつきます。

また、このような日教組戦犯説が世間で語られるのは、たいてい少年の凶悪犯罪が起きた時です。少年犯罪がきっかけとなり、「そもそも日教組が」論を経由して、最終的には「今時の子は偏差値、偏差値で勉強はできても、人間として大切なものが欠けている」とか「だから学力も低いのだ。大学生のくせに分数計算ができない連中がいるそうじゃないか」とその時々の常識に落ち着く。これが飲み屋論壇の手法です。ノリによって落ち着く結論は真逆（低学力／高学力、凶暴／軟弱）のこともありますが、そんなことは酔った頭にはどうでもよいのです。

そんな飲み屋論壇的日教組戦犯説を、真っ向から否定する書物が最近出版されました。「少年犯罪データベース」という著名サイトを運営されている管賀江留郎《かんがえるろう》氏が出された『戦前の少年犯罪』（築地書館、二〇〇七年）という本です。

この本は昭和の初めから終戦までを対象に、タイトルどおり戦前の少年犯罪を集めた書物ですが、そこに収録されている犯罪類型はその残酷さ、異様さにおいて現代とまったく遜色がありません。

九歳の男子が六歳の男子を猟銃で射殺した事件、無職青年（一八歳）による幼女連続殺人事件、旧制中学生が同性愛の相手方一家を皆殺しにした事件、米泥棒を見つかり親に叱られたのをきっかけに両親弟妹を皆殺しにした事件、いじめ自殺やいじめ復讐殺人など現代に起これば日教組のせいにされそうな事件が目白おしです。また、このような凄惨な事件だけでなく、教師宅への放火事件や高等小学校児童同士の売春事件、教師と生徒の不純異性交遊なども多数記載されています。

この本は、二・二六事件をニートの事件と評したり、戦後になって体罰が増えた（その理由は軍隊帰りの教員が増えたから）と主張したりするなど、情報の評価や分析は相当にいい加減です。著者名がふざけているとしか考えられない名前であることから考えると、飲み屋論壇説を馬鹿にするためだけに書いた本なのかも知れません。しかし、マニアックに戦前の少年凶悪犯罪を図書館にこもって調べた著者の調査力は敬服に値します。客観的事実よりも心証を基礎に語られるだけの多数派・日教組戦犯説にとっては鋭い批判の書になるでしょう。

異常な犯罪を行う子ども、性的モラルの低い子ども、親や教師を敬わないどころか親殺しまでする子どもは昔からいました。何も戦後になって生まれた訳ではありません。それでも「戦前の教育は良かった」「戦後教育はダメになった」と主張するのであれば、

少年刑法犯検挙人数（『戦前の少年犯罪』より）

年	殺人	強姦	放火	強盗	窃盗	傷害	詐欺	横領	賭博	猥褻
1936	153	197	266	311	29,570	2,555	3,297	3,491	1,425	76
1937	155	172	272	310	29,783	2,631	3,006	3,269	1,307	79
1938	161	211	279	302	32,503	2,596	2,973	3,207	1,355	88
1939	123	217	291	310	31,409	3,073	2,787	2,801	1,639	87
1940	146	230	263	475	35,999	2,901	2,361	2,485	2,072	188
1941	107	255	256	436	36,954	2,979	2,028	2,111	2,188	180
1942	126	328	213	406	47,267	3,106	2,184	4,028	2,121	361
1943	94	335	204	377	45,133	2,998	1,552	1,358	2,941	439
1944	177	294	215	442	54,852	2,968	1,767	1,148	5,765	417
1945	149	218	92	455	42,818	1,746	1,044	603	2,637	308
1950	369	1,538	470	2,897	111,526		6,368	3,148	2,346	447
1960	438	4,407	605	2,762	110,752	16,268	2,388	1,655	329	1,265
1970	198	2,212	469	1,092	106,359	10,211	722	1,107	322	1,208
1980	49	984	478	788	172,842	9,068	556	12,612	90	720
1990	71	348	181	594	130,802	9,376	623	25,998	137	510
2000	105	311	210	1,668	92,743	11,502	535	29,412	22	501
2005	73	153	245	1,172	84,483	6,902	1,062	35,767	27	472

相応の根拠を示すべきです。

データが示す戦後教育のダメさ加減

著者の管賀江留郎氏は『戦前の少年犯罪』で、戦後教育は悪いというが、戦前の少年の方が酷かったじゃないか、そんな事実も知らないで、教育を語るな、と言いたかったようです。そして、少年刑法犯検挙人数というデータを表にして示しています(上掲)。ところが、この表が図らずも戦後教育を受けた少年達がいかに人間としてダメだったかを物語っているのです。

この表を見ていただければ一目瞭然ですが、殺人、強姦、放火、強盗などの凶悪事件が最も多いのは戦後教育を受けた世代が中心である一九六〇年です。凶悪少年犯は一〇代後半に圧倒的に多いので、彼らの平均年齢を仮に一八歳と考えると、一九四二年生まれということになります。彼らは、生まれこそ戦中ですが小学校に入学したのは四八年ですから日教組（四七年に発足）とともに歩んだと言っても過言ではありません。

日教組とともに歩んだ世代の少年犯罪が戦前（戦中）教育を受けた世代と比較していかにひどいか。殺人約三倍、強姦約一八倍、放火約二・五倍、強盗約七倍です（但し、強姦罪は一部が非親告罪になったので単純比較はできません）。

「もはや戦後ではない」と経済白書に記載されたのが一九五六年ですから、一九六〇年の少年犯罪の多さを貧しさで免責することはできません。一九七〇年になってようやく殺人は戦前と同水準まで減りますが、強姦、放火、強盗などその他の凶悪犯罪は依然戦前よりも多いままです。

高度成長期が一段落した一九八〇年になると凶悪犯罪は目だって減少しますが、これに代わって窃盗、横領などの経済犯罪が増加します。横領は平成になっても延々と増加しています。

以上の少年犯罪データから、戦後教育の第一周目は「戦前よりもはるかに凶暴な青少年」を育て、第二周目以降「戦前はもちろん戦後第一世代よりも人品卑しい青少年」を生み出していると読み取ることは、さほど偏った見方ではないと思うのですがいかがでしょう。

やはり、戦後教育は相当に困った教育なのです。

ということで、もう一度日教組戦犯説を確認しておきましょう。

①の「戦後教育は戦前教育よりも劣っている」ことは示せませんが、少年犯罪データから、②の「戦後教育を受けた人間は戦前教育を受けた人間よりも劣っている」ことを示すことで、①は十分推測可能です。しかし、私は③の「戦後教育をリードしたのは日教組である」には懐疑的です。なので、④の「①②③により、現代の人間が戦前の日本人より劣っているのは日教組の責任である」という結論をそのまま承認できないのです。

密教信者を守り続けた自民党政権

戦後教育に対するネガティブ評価までは、日教組戦犯説は正しい。戦後教育のダメさ加減は青少年犯罪の質と量にしっかりと反映しています。問題は、ダメな教育を推進したとされる日教組が教職員組合の連合体にすぎないということです。つまり、日教組は現場の教職員の集団ですから、仮に戦犯だとしてもBC級戦犯に過ぎません。五五年体制の発足以降ほぼ一貫して政権を握っていた自民党こそ、A級戦犯というべきでしょう（東京裁判を正しいと思っている訳ではありませんが、便宜上この言葉を使います）。

確かに自民党やその前身の保守政党の政治家たちは、教育現場から日教組の影響を排除しようとしました。教育委員会を公選制から首長の任命制に変えたのは、日教組関係者が大挙して教育委員になることを防ぐためです。校長教頭を管理職にしたのも、主任制を導入したのも日教組解体を意識してやったのでしょう。新しいところでは、学習指導要領を改訂して卒業式での国旗掲揚国歌斉唱を義務付け、平成になって国旗国歌法を制定したのも学校現場から日教組の影響を排除しようという試みだったのかもしれません。

しかし、政治は結果責任です。戦後教育は良かったのか悪かったのか。悪かったのならばその責任は為政者にある。良かったならば、その成果も為政者のお陰と言うべきなのです。こんなことは政治のイロハです。長年政権についていた人たちが知らないはずがありません。それでも、政権にあった人々が、日教組が悪いと言い続けたのですから、我々はむしろ自民党と日教組の共犯関係を疑うべきです。

一見敵対する人たちが実は共犯関係にあるという図式は、政治の世界では珍しくありません。

典型例は、一九二〇年代のアメリカの禁酒法です。この法律があったことはご存知と思いますが、その背景や内容は案外と知られていません。禁酒法は、深酒を良しとしないピューリタンの伝統的倫理観と、新参者で酒豪が多かったアイルランド移民（カソリック）へのアメリカ人多数派（プロテスタント）の反発、第一次世界大戦から生じた穀物不足の解消という経済的目論見など、様々な背景をもってうまれた法律です。しかし、そこは自由の国アメリカ。禁酒法といっても飲酒そのものは禁じず、酒の製造・販売・運搬だけが禁じられていたのです。

つまり、酒を飲んでも罰せられるのは経営者側だけでお客は罰せられないわけです。こうなると、カタギの人たちは酒関連の産業から手を引くので経営は完全に違法集団＝マフィアに握られます。でも、客になる分には問題ないのでマフィアが営業するバーは大繁盛になりました。

まともな政治家達は、この事態を見て禁酒法を廃止しようと動きます。しかし、マフィアにすれば禁酒法こそが経済基盤ですから、何とか維持しようと政治家の抱き込みを図ります。こうして、マフィアに金をもらっている政治家がキリスト教道徳＝禁欲・禁酒を説くという、なんともおぞましい状態が全米で十数年間も続いたのです。

下手な法律は社会をめちゃくちゃにします。違法行為を平気で行う無法者だけが利得する構造、そんな構造を許す法律、積極的に造る法律があったとしたら、為政者と無法者の癒着を疑うのが賢い有権者というものです。

現代の日本でも禁酒法に類似する法律はあります。例えば、売春防止法では売春する者も買春する者も罰せられません。勧誘したり、場所を提供したりする者だけが罰せられるのです。ですから、この法律が施行されても売春宿はなくなりませんでした。一人で勧誘しづらくなった素人売春が減少し売春宿が利得したくらいです。

では、教育問題はどうでしょう。現行法に日教組が利得する構造があるのでしょうか。それがあるのです。日教組主流派と非主流派は支持政党についても対立していました。主流派は組織として旧社会党を支持すべきだとし、非主流派は組織的に支持政党を決めることは組合員の政治的自由を侵すと主張していたのです。

ここでいう組織的な支持とは教員個人が旧社会党に投票するなどという甘いものではありません。日教組組合員は、選挙時には社会党候補者の運動員として活動せよというのです。連合が発足して非主流派が抜けてからの日教組はますます旧社会党(現社民党及び民主党)支持を明確にし、選挙の時は献金し運動員として活動しました。なぜ、教職員組合がこれほど政治にのめり込めるのか。教員は公務員であり、公務員は政治活動が禁止されているのではないのか。

確かに禁止はされています。しかし、ここには禁酒法や売春防止法のようにあっと驚く仕掛けがあるのです。

教員の政治活動は禁止されていますが、何とこれに対する罰則規定がないのです。「はじめに」でも触れましたが、民主党の小林千代美前衆議院議員の選挙対策委員長は北教組の委員長代理でした。彼が逮捕されたのは、北教組が小林氏に違法な献金をしていたからであって、彼が法を犯して政治活動をしていたからではありません。

もちろん、選挙が近づくと多くの教育委員会は校長を通じて教師に政治活動をしないように通達を出します。普通の先生たちは、通達など出さなくても法律を犯してまで政治活動などしません。ところが、確信犯的教員はまったく異なる行動様式を取ります。

教育委員会からの通達などどこ吹く風で、社民党や民主党の運動員として地域住民や保護者に電話をかけまくるのです。時には学校の電話まで使って。それでも罰則規定はありませんから、この違法行為をなした公務員は野放しのままです。

地方公務員法や教育公務員特例法は、良識ある教員を倫理的に縛る一方で、確信犯である日教組密教信者を野放しにし、彼らだけが政治的自由を謳歌しているのです。このザル法の下で日教組は強大な政治力を手に入れ、最盛期には日本民主教育政治連盟という別働隊に三〇名以上の国会議員が所属していたことさえありました（今は九名しかいませんが、そのボスである輿石東氏は民主党参議院議員会長として強大な政治力を持っています）。

これが、自民党が作った法律下の日教組の姿でした。

この違法状態に本気でメスを入れようとした人々がいないわけではありません。直近ではヤンキー先生こと義家弘介氏が積極的に地方公務員法改正に取り組んでいました。彼を中心としたワーキンググループは、政府が動かないのであれば議員立法という手法を使ってでも地方公務員法を改正しようとしました。しかし、結局はなあなあのままで自民党政権時代に罰則規定が盛り込まれることはありませんでした。

五五年体制は、自社対立構造を擬した自社なれあい構造だったとよく言われますが、それは文教部門でも同じだったのです。自民党最大の失敗は、相手が本気で政権をとりに来る民主党に代わっても社会党時代と同様、本気で闘わなかったことです。相手の運動員を温存して政権を失ったのですから、同情する気にもなりません。

なれあいの状況証拠

教員の政治活動を最後まで取り締まらなかったこと以外にも、自民党が日教組となれあっていた状況証拠はいっぱいあります。

例えば、自民党は日教組の資金源を断ちませんでした。日教組は教職員組合ですから、当然のことながら資金源は教職員から集める組合費です。収入によって組合費は異なりますが、日教組傘下の都道府県教組組合員は概ね五〇〇〇円から一万円程度の組合費を毎月負担しています。その中から一人月額二〇〇〇円弱が日教組へ上納金として支払われます。

では、その組合費はどのように集められていたかというと、多くの自治体で給与から天引きされていたのです。官公労と闘うならば、給与天引きの組合費にメスを入れるのが一番です。事実、大阪市は条例によって天引き制度を廃止し、現在組合と裁判で争っています（組合側の主張は「本条例は憲法が保障する団結権を犯すもの」だそうです）。

自民党が本気ならば、地方公務員法と労働基準法を改正して地方公務員の組合費天引きを一切できないように措置すべきでした。それを怠っておいて口先だけで攻撃しても「なれあい」以外の何者でもありません。

さらに悪質な「なれあい」は、自民党政府はただの一度もまともに地方公務員法第一六条「欠格条項」を適用しなかったことです。

GHQがレッドパージを行った一九五〇年に日本政府は国家公務員法、地方公務員法を制定し、その中に「欠格条項」を盛り込みました。地方公務員法第一六条です。その第五項にはこのように記載されています。

「日本国憲法施行の日以後において、日本国憲法又はその下に成立した政府を暴力で破壊することを主張する政党その他の団体を結成し、又はこれに加入した者」

このような者は公務員になる資格がないと規定したのです。この規定は明らかに、暴力革命を肯定していた一九五〇年当時の共産党を意識したものです。さらに七〇年代には、新左翼が加入戦術として大挙して公務員になったことは第二章で説明したとおりです。新左翼は暴力革命を起こそうとしない既成の左翼政党（当時の社会党と共産党）を批判して誕生した勢力で、事実暴力騒動を起こしていましたから完全にこの条項に該当します。つまり、法を厳格に適用することで、新左翼団体に一度でも加入していた者を公務員世界から排除することは可能だったのです。

ところが、政府はこの条項をまったく適用せず、新左翼の加入戦術を黙認しました。欠格条項は、極めて強力な規定です。人生に一度でも新左翼団体に加入したことのある公務員は、どれほど勤務態度が真面目でも直ちにクビにできるのです。しかも、退職金を払う必要がありません。公安調査庁や警察庁の情報と教員名簿を照らし合わせれば、自民党は日教組内の過激派を一掃することが可能だったのです。

膨大な教員の中から彼らを見つけることは一見困難そうですが、実はそうでもありません。新左翼崩れの教員達は加入戦術を実行するために若いうちから組合幹部になります。また、進んで専従職員やヤミ専従職員になりたがるのも彼らです。ヤミ専従職員に対する反発はまともな教員なら誰でも持っていますから、公安部門が内偵すれば元新左翼の教員など簡単に割り出せたはずです。

安倍内閣まで教育基本法改正を行わなかったという点も、自民党が日教組と本気で闘う気が無かった状況証拠と言えるでしょう。旧教育基本法第一〇条は、日教組が学校を支配する際の根拠条文でした。

「教育は、不当な支配に服することなく、国民全体に対し直接に責任を負って行われるべきものである。②教育行政は、この自覚のもとに、教育の目的を遂行するに必要な諸条件の整備確立を目標として行われなければならない」

日教組は自分達の意に添わない教育委員会からの指導を同条第一項の「不当な支配」と考えました。そして、教育委員会の指導に屈せず自分たちが正しいと信じる教育を行うことが「国民全体に対し直接に責任を負」うことだと傘下組合員に説明したのです。さらに教育行政に対しては、第二項を根拠に口は出すな、黙って金だけ出せと主張していました。

確かに文面だけを素直に見ればそのように読めるような気もします。そして、学校の先生達は日教組の加入・不加入にかかわらず、本条の趣旨はそういうものだと思っていました。

この天下の悪法（と私は思っています）を何十年も放置し続けたのは自民党政権でした。

学校から国旗国歌を奪った自民党政権

自民党政権が行った日教組との「なれあい」の中で、私が最も許せないのは国旗国歌を巡る学習指導要領の改訂です。

卒業式・入学式の際に国旗を掲揚し国歌を斉唱するべきか否か、保守派と日教組が争ってきたことについては、多くのメディアで報道されています。でも、ここで多くの中高年の方は不思議に思うのではないでしょうか。

「自分達の子ども時代にそんな争い、あったっけ？」

そう、日教組教員が多い学校が、必ずしも国旗や国歌をないがしろにしてきたわけではないのです。日教組のドン輿石東氏を選出している山梨県は、日教組の組織率が極めて高く（九〇％以上とも言われています）、二〇〇四年夏に行われた参議院選挙では同氏への教員の組織的献金や政治活動などが産経新聞などで報道されましたが、国旗国歌に関しては問題になっていません。昭和の時代からほとんどの学校で国旗国歌は大切に扱われていたのです。

日教組幹部は密教信者ですから、本音では資本主義国家の国旗や国歌など大嫌いでしょうが、密教を前面に出せば国民も教員も日教組に賛同してくれません。ですから、国旗国歌を槍玉に挙げていたのは全国規模で見ればほんの一部の学校に過ぎなかったのです。

むしろ、中高年の方々の国旗国歌にまつわる思い出で多いのは、運動会や朝礼の時に国歌に併せて国旗を揚げていたことです。それが今では、運動会や朝礼で国旗を揚げる学校は極少数になりました。それは何故か。竹下政権下の一九八九年三月に学習指導要領が改正されたからです。

それまでの学習指導要領では特別活動における国旗国歌の取り扱いについて次のように記載されていました。

「国民の祝日などにおいて儀式などを行う場合には、児童に対してこれらの祝日などの意義を理解させるとともに、国旗を掲揚し、国歌を斉唱させることが望ましい」

これが、元年改正の学習指導要領では次のように変更されました。

「入学式や卒業式などにおいては、その意義を踏まえ、国旗を掲揚するとともに、国歌を斉唱するよう指導するものとする」

「望ましい」という文言が「指導するものとする」に変更されたことで、当時は日教組や左派メディアは国旗国歌の押し付けと騒ぎました。ですが一方で、国旗掲揚、国歌斉唱は数多くの「国民の祝日などにおいて儀式などを行う場合」から入学式や卒業式という極めて限定された場面でしか行われなくてもよくなりました。学習指導要領が変更されたのですから、密教信者は卒業式・入学式以外の場面では国旗掲揚も国歌斉唱も必要ないと堂々と主張できます。

こうして、ほとんどの学校行事から国旗国歌が姿を消しました。

では、最初から入学式や卒業式にも国旗掲揚・国歌斉唱をしていなかった一部の学校はどうなったのか。相変わらず、国旗掲揚も国歌斉唱もされないままでした。彼らは、今度は、国旗=日の丸、国歌=君が代とはどこにも書いていないという屁理屈を使い始めました。広島県や三重県、北海道、東京都など組合幹部に左翼思想が色濃く残っている自治体では、卒業式・入学式に国旗を掲揚し国歌を斉唱しようと試みる校長が、「日の丸が国旗と、君が代が国歌と誰が決めた。お前にそんなことを決める権限があるのか」と職員会議で突き上げられる姿が毎年の恒例行事になりました。

そんな中、一九九九年に広島県世羅高校の校長が「何が正しいのか分からない。自分の選ぶ道がどこにもない」という遺書を残して自殺します。この事件がきっかけとなって小渕内閣は、「国旗は日章旗とする」「国歌は君が代とする」というたった二条のお粗末な法律を制定します。

私がこの法律をお粗末と断じる理由は以下のとおりです。

国旗国歌法が制定される前から、国旗や国歌は慣習ではなく法によって定めるべきであると主張していたのは日本共産党でした。もちろん彼らは国旗が日章旗であり国歌が君が代であることには反対です。彼らの主張する民主主義（民主集中制）に反するからです。しかし、国旗国歌がそれまでのように慣習で決まっている限り、共産党が政権に参画してもこれを変更することは困難ですが、成文法（慣習ではなく議会で決められた法律）ならば、例えば民主党と共産党の連合政権が誕生した翌月にでも、国旗国歌を変更することが可能なのです。そして、このリスク（私のように日章旗や君が代を大切に思う者にとってのリスク、これらを敵視するものにとってのチャンス）は、現在、現実のものになっています。

自民党政権は、偏向教育を是正できないまま、大多数のまともな学校の日常生活から国旗掲揚や国歌斉唱を奪い、その上将来これらが変更されかねないリスクをわが国に残したのです。

黙認① 日本型リベラリズム

自らを保守政党と位置づける自民党が、なにゆえ日教組の存在を許し彼らとの共存を図ったのか。無能ゆえに壊滅できなかったのか、実は共存を望んだのか。無能ゆえに日教組を壊滅できなかっただけならば、A級戦犯と名指すのは酷かもしれません。しかし、政権末期まで教育基本法改正に手をつけなかった事実を鑑《かんが》みるならば、あえて日教組との共存を図ったのだと考えるべきでしょう。

その理由はなにか。第一に挙げるべきは日本型リベラリズムの存在です。

自民党は左から右まで幅広い思想の政治家がいる党だと言われてきました。その自民党左派に属するのがリベラリストと呼ばれる人々で、伝統的に宏池会《こうちかい》（吉田→池田→前尾→大平→鈴木→宮沢→加藤と続いた派閥）に多いと言われています。困ったことに、日本のリベラリストには、アメリカのリベラリストやヨーロッパの社会民主主義者と決定的に異なる点があります。それは共産主義に寛容であるということです。

ヨーロッパの社会民主主義は、一九世紀には共産主義と一線を画さないグループもありましたが、一九三〇年代にスターリンがヨーロッパの社会民主主義をファシズムやナチズム以上に敵視したため、それ以降共産主義とは不俱戴天《ふぐたいてん》の敵となりました。第二次世界大戦後の一時期、インテリの間で共産主義に寛容な態度をとることが流行った時期もありましたが、スターリンによる共産党一党独裁の恐ろしさが判るにつれて共産主義への敵意は再燃し、一九六二年の社会主義インターナショナル決議（オスロ宣言）では共産主義を全体主義であると明記しました。ヨーロッパの社会民主主義者は共産主義をファシズムやナチズムと並ぶ全体主義と認識しており、共産主義と一線を画すだけでなく共産主義を容認することさえ悪徳であると考えるのです。

アメリカのリベラリズムは、ニューディール政策を遂行した人々に始まります。リベラリズムが生まれた当初、リベラリストは共産主義に比較的寛容でした。政策的類似性があることや第二次世界大戦で米ソはともに連合軍を形成したことがその原因だったのかもしれません。しかし、朝鮮戦争やソ連との冷戦を通じてアメリカでは共産主義が徹底的に排除されます。その後、アメリカでは、インテリ・非インテリを問わず「共産主義は自由に対する敵だ」ということが完全に常識になっています。

「思い出してください。先人たちは、ミサイルと戦車だけで、ファシズムと共産主義に立ち向かったわけではありませんでした。揺るぎない同盟関係と確固たる信念で戦ったのです」

この言葉は世界一有名なリベラリスト、バラク・オバマ大統領の就任演説の一節です。要するに欧米人は、共産主義をファシズムやナチズムと同列の全体主義であると認識し、それを容認することも断固拒否するのです。社会民主主義やリベラリズムはデモクラシーの中の政策選択に過ぎませんが、共産主義の肯定や容認はデモクラシーの否定であるという信念が確立しています。

ところが、日本では「戦前・戦中の軍国主義と戦った唯一の勢力」という共産党のイメージ戦略が功を奏して、共産主義に敵意を持つことと軍国主義を肯定することがイメージ的に結び付けられました。学者に共産主義者が多かったために「インテリは共産主義を容認するもの」「反共は無知無教養の証」といった風潮さえ、戦後の早い時期には存在しました。宏池会は自民党の中でもインテリ集団です。それゆえに、地方公務員法や労働基準法・教育基本法を改正して日教組を壊滅させることに二の足を踏んだ代議士が大勢いた可能性は否定できません。

黙認② 選挙に役立つ日教組

あるシンポジウムで同席した教育ジャーナリストは、開口一番、来賓席にいた地方議員の方々に対して、「こんな金にも票にもならない教育問題のシンポジウムによくぞお越しくださいました」と話しかけました。どうやら、政治の世界では教育問題は金にも票にもならないというのが常識だそうです。

確かに、政治家が学校の教育正常化に尽力しても、よほど教育問題に関心のある有権者でないと「○○先生（教員ではなく政治家の方です）のお陰で学校の教育内容がよくなった」とは思ってくれないでしょう。それよりも道路や橋を作った方が当選しやすいというのは、よく判ります。

しかし、選挙直前なら旧社会党や社民党、民主党の候補に対するネガティブキャンペーンに使えそうです。いや、おそらく保守（を自称する）政党が教育問題を票に変える唯一の方法が、偏向教育を放置しておいて選挙時だけネガティブキャンペーンのネタにすることだったのでしょう。

法律を改正して、日教組の資金源を断ち、過激派を洗い出し、学校支配の根拠規定を潰す。これらを全て行えば、左派メディアは「反動政治だ」「軍靴の足音が聞こえる」と騒ぐでしょう。自民党には相当のパワーが必要だったはずです。だったら偏向教育を放置して、選挙時のネガティブキャンペーンに利用するほうがよっぽど得です。

日教組を叩くだけで一定数の保守票が掘り起こせると自民党は考えていました。それは自民党が政権から滑り落ちた（つまり最も厳しかった）二〇〇九年の衆議院選挙で、日教組ネガティブキャンペーンが一番喧《かまびす》しかったことからも推測できます。

この選挙時に自民党は何種類もの民主党批判パンフレットを作成しましたが、その中のひとつの表題はズバリ「民主党＝日教組に日本は任せられない」というものでした。パンフレットには「『日の丸』・『君が代』を大切にしない日教組＝民主党に、『国の宝』である子供たちを任せるわけにはいきません」「わが国の歴史教科書の大半は、日教組の影響により自虐史観となっています」「過激な性教育は、日教組の行っている子供の人格破壊が、最もはっきりと表れている分野なのです」といった記述があります。一つ一つの記述には私も同感ですが、それまで政権を握り国家の文教政策に責任を持つべき政党のパンフレットとしては、あまりにお粗末です。自分たちは無能でしたと言っているに等しいのですから。

日教組教員は旧社会党・社民党・民主党の運動員になるので自民党からすれば敵対勢力に違いありませんが、浮動票獲得のネタという意味では存在価値があったのです。

ここに、なれあいの誘惑があったとしても無理はありません。

黙認③　足して二で割る調整型政治

宏池会とならんで自民党の主流派を形成したのは、佐藤栄作↓田中角栄↓竹下登↓小渕恵三と続く人たちです。彼ら（特に田中角栄以降）の特徴は、徹底的な利益誘導・利益調整にあります。

教師聖職者論で日教組に揺さぶりをかけて、共産党系非主流派が一部ではありますが教師聖職者論に乗ったところで、人材確保法によって教員の待遇を改善する。教師も人の子だし、日教組も所詮はヒラ地方公務員の集まりに過ぎない、金を握らされたら少しはおとなしくなるだろう。これが田中角栄型の日教組懐柔策でした。

先に紹介した竹下時代の学習指導要領の改正も利益調整型政治の片鱗が見えます。国旗国歌をないがしろにする一部の日教組教員が問題になったので、なんらかの手を打たなければならない。しかし、一方的に自民党の主張で押し切ったのではしこりが残る。ここは、「望ましい」を「指導することとする」と文言は勇ましくすることで保守派に満足を与える一方で、適用範囲を「国民の祝日などにおいて儀式などを行う場合」から「入学式や卒業式など」に狭めることで相手の顔も立てておこう。如何《いか》にも竹下登的な足して二で割る調整方法と言えましょう。

ダムを造る、橋を造る、道路を造るといった銭金の話ならばそれもアリでしょうが、教育問題を彼らの手法でやられたのではたまりません。

もはや日教組は無害?

以上、自民党こそが日教組を活かし続けた犯人であることを概観してきました。では、肝心の日教組はどうなのでしょう。

日教組は、確かに過去の日本を断罪し、国旗掲揚や国歌斉唱に反対してきました。日教組傘下の千葉県高等学校教職員組合などは今でも「ひのきみ通信」というパンフを配布して国旗国歌反対運動を続けています。過激な性教育の推進に日教組が一役買っていることも間違いないでしょう。私の手元に、輿石東氏の地元山梨県のある小学校で行われていた性教育の実態を示す資料があるのですが、それによると小学校一年生から「ヴァギナ」や「ペニス」という言葉や性器を持った人形を使って性教育が行われていたようです。こういった過激な性教育を推進している教員の多くは日教組や全教に所属する教員と言われています。

ですから、ＢＣ級戦犯と断定してもほぼ間違いないと思います。

しかし、日教組は自社さ政権が誕生して以降、表面上極めて物分りのよい組織に変貌しています。この事態をどう考えればよいのか。

次の章でも紹介しますが、現在日教組は表向き「特定のイデオロギーを注入する教育」を否定しているのです。国旗国歌への反対運動も中止しました。ジェンダー・フリーという言葉も影を潜めています。にもかかわらず、末端組合員は今日も日本の何処かで偏向した内容を生徒に教え、教室を全体主義の空気で包み、職員室で校長をつるし上げています。

そうなると、Ａ級戦犯は結果責任を問われる自民党としても、ＢＣ級戦犯は各教員ということになるのではないか、という疑問が生じます。

一九五〇年代に子どもそっちのけで勤評闘争を行った日教組ならともかく、現在の日教組は害がないのではないか。そういう考えも生まれてくるかも知れません。次章ではその点を考察してみたいと思います。

第五章

日教組とのつき合い方

なぜ民主党は日教組の言いなりなのか

前章では、自民党と日教組の争いはポーズに過ぎず共犯関係にあったのではないかという疑念を提示しました。しかし、自民党政権は終わったのです。日教組は、民主党政権を支える勢力として国民からの批判に耐えなければなりません。本章では、我々国民が、当面は崩壊しないであろう日教組とどう付き合うべきかを考察したいと思います。

その前に、そもそも組合員三〇万人弱の日教組が何故《なぜ》強大な影響力を持つのかを説明しておきましょう。先に紹介したように、北海道教職員組合の幹部が民主党議員に違法な献金をしていた事件が明るみに出ました。ですから、民主党議員が日教組の言いなりなのは、彼らが日教組からお金をもらっているからだと思う人も少なくないでしょう。

しかし、根本原因はお金ではなく公職選挙法にあります。

公職選挙法は、大衆は貪欲かつ無能で良識ある判断ができない、という基本思想を有しています。そのため、選挙運動には極めて厳しい制限が課されているのです。当選してほしい候補者の応援ビラや落選してほしい候補者の非難ビラをまくのに制限があるのはもちろん、ブログやツイッターをやっている方は、選挙が始まると個別の政党や議員の批判や応援もできなくなります（ネットでの情報配信がビラ撒きと同じだからだそうです）。

選挙運動員も厳しく規制されており、手話通訳などの例外を除いて基本的にはボランティアでなければなりません。アルバイトを雇ってはいけないのです。選挙期間中に駅前などでビラ配りしている方々は、皆さんボランティアなのです。

共産党や公明党ならともかく、民主党や自民党の政治家が大勢のボランティアに支えられているというのはにわかに信じられないと思いますが、それが法の建前なのです。

ですから、選挙の際の運動員をどのようにして確保するかという問題は、熱狂的な「信者」を持たない自民党や民主党の政治家にとって極めて重要な課題になります。そして、この問題の一つの解が「ゼネコン丸抱え選挙」「労働組合丸抱え選挙」なのです。ゼネコンも労働組合も「選挙時」に限って「無償」で働くボランティア要員を大勢抱えています。応援する議員が当選すれば多額な公共事業が降りてくるのがこれまでの日本の政治でしたから、ゼネコンにとって「選挙時」の「無償」の応援は営業活動と同じです。労働組合も社会党や民社党の時代から政治力を使って労働条件の向上を勝ち取ってきた歴史があるので、「選挙時」の「無償」の応援は労働運動の一環として行います。

法律が小銭（アルバイト代）の支出を規制するがゆえに、大金（利権）と結びついた人間しか選挙を戦えないというのが現在の日本の政治状況です。そうなると、伝統的な支持基盤を持たない民主党議員はどうしても日教組への依存度が大きくならざるをえません。その結果、よほど信念のある政治家でない限り、民主党議員は日教組の主張の実現に奔走せざるを得なくなるのです。

正常化を装う日教組

但し、日教組幹部とて、国民の希望から余りにかけ離れた主張をしていると組織の存続が危ういという自覚はあるようです。

二〇〇八年一一月二三日の朝鮮日報に興味深い記事が掲載されました。

「日教組委員長、教師の『理念的中立』を強調
中村譲中央執行委員長が来韓
『教師に特定のイデオロギーを注入する教育をさせるべきではありません。学校ではその社会の合意された価値を教えるべきで、教師の主観や独断によって学習内容が変わってはいけません』
21日に韓国教員団体総連合会（教総）の代議員大会に出席するため来韓した日本教職員組合（日教組）の中村譲中央執行委員長（58）は、教師らの『理念的中立』を強調した。
……
『韓国の法的問題は分からないが、日教組は政府（文部科学省）が定めた教育政策に反対する権限がない。つまり法的には反対できないということだ。政府の政策に反対意思がある場合は対話で解決し、意見をまとめるのが重要とみている』……
『教員評価制度に反対はしない。その代わり、父兄や教師が納得できる制度を作ってほ

しいということ。対象者の教師が結果に不満がある場合、意義申し立てできる制度的装置が必要だ』……

『教師が理念教育を学生に強要するのは望ましくない。学校教育は国の税金で運営されているものだが、教師が父兄や地域社会と協議せずに自身の主観を独断的に教えるのは問題だ。世界にはさまざまな主義と理念がある。学生が考え方を選択するのは自由だが、教師がそれを注入してはならないとみている』……」

（安哲培《アン・ソクベ》記者、朝鮮日報／朝鮮日報日本語版）


かつて『チュチェの国・朝鮮を訪ねて』（安井郁・高橋勇治編、読売新聞社、一九七四年）の中で「この国には泥棒がいない。泥棒とは富の片寄ったところに発生する。この国には泥棒の必要がないのである」と北朝鮮を礼賛したミスター日教組＝槇枝元文氏がこの記事を読んだらなんと思うでしょう。この記事を信頼するならば、反日教育の牙《が》城《じょう》としての日教組は幕を閉じた、日教組は正常な教職員組合を志向しているということになるのですが、残念ながら私はそれほど楽観的にはなれません。

丹頂鶴からフラミンゴへ

私は、『SAPIO』（二〇〇八年一一月二六日号）において、日教組のホームページでどれほど偏向した教育が推奨されているかを指摘しました。

小学生の割り算を教える単元なのですが、計算の中身が沖縄の基地の面積や、米軍ジェット機の飛行距離などで、算数の勉強のつもりが、いつの間にか平和教育になり反米意識を植え付けられるという、いかにも「日教組的な」内容のホームページでした。

中央執行委員長が外国の教育団体に出かけて、「教師に特定のイデオロギーを注入する教育をさせるべきではありません。学校ではその社会の合意された価値を教えるべきで、教師の主観や独断によって学習内容が変わってはいけません」と発言する一方で、全く同じ時期に、算数の勉強にかこつけて自分達の政治的主張を児童に刷り込ませることを推奨している。私たちはこの事実をどう捉えればよいのでしょう。

私が『SAPIO』で日教組の偏向ホームページを指摘した二〇〇八年一一月は、いつ衆議院選挙になっても不思議ではない政治情勢でした。そのせいか、「親子で学ぶおもしろ算数教室」は知らない間にこっそりとホームページから削除されていました。

日本は思想良心の自由を重んじる議会制民主主義の国ですから、教員が共産主義社会を理想と考えても（実現手段としての暴力革命を肯定しない限り）構わないし、彼らが合法的に団体を組織する自由が存在します。同じ公務員である自衛官を侮辱することは許せませんが、同盟国アメリカの基地占有に疑問を呈する程度は許すべきでしょう。

しかし、自分たちの主張が正しいと思うのならば、それを堂々とオープンにしておくべきです。一方で特定のイデオロギーに偏った教育を推奨しておきながら、選挙時にだけ思想的中立を偽装するのは余りにアンフェアではないでしょうか。

有権者が二〇〇九年八月の衆議院選挙において民主党を選択したのは、自民党政治のうそ臭さに辟易《へきえき》したからです。民主党の文教政策に最も影響力を持つ日教組が、自民党時代と同じく顕教と密教を使い分けるのならば、良識あるメディアや言論人は徹底的に彼らが隠蔽する密教（共産主義やそれに由来する反権力・反日思想）を暴き出すべきです。

日教組の活動に熱心な教員が相変わらず左翼的な思想を持っているという証拠は、教研集会が昔とまったく同じであるという点からも窺《うかが》えます。日教組教研集会を特徴付けるのはなんといっても「平和学習」と「人権学習」です。

平和や人権に対する国民の意識は、ここ数十年で随分と変化しました。日教組がまだ元気だった一九七〇年代ならば、米軍基地に対する反対運動こそが平和教育だと言っても通用したでしょう。しかし、現在日本人の多くは何に平和の危機を感じているか、それは北朝鮮の核兵器であり中国の軍備拡張です。ところが、直近の日教組教研集会においてもこれらの問題を扱った授業発表・研究発表は皆無です。それどころか、北朝鮮系の団体と「日朝教育シンポジウム」を共催し、二〇一〇年三月の臨時大会では高校授業料無償化の対象から朝鮮学校を外すなと決議するなど、相変わらず北朝鮮との友好関係を保っているようです。

人権教育も部落差別や朝鮮人・韓国人差別、ナチスによるユダヤ人弾圧ばかり取り上げて、戦後最大の人権蹂躙《じゅうりん》事件である北朝鮮による日本人拉致事件や、中華人民共和国による法輪功やチベット弾圧などは無視したままです。

かつて日教組は「上だけが赤い」丹頂鶴と呼ばれました。同じように例えるならば今の日教組はフラミンゴです。末端教員はガチガチの共産主義者ではありませんが、無意識に日教組的な価値観に染められて、多くがピンク色なのです。

そんな日教組が権力を握ってしまいました。民主党の文教政策は日教組の利益に資するもの、国民の利益に反するものばかりです。本書の冒頭でも指摘しましたが概観しておきましょう。

悪夢①　免許更新制度の廃止問題

第一は教員免許更新制度の廃止問題です。

この制度は、自民党の中でも制度目的に「不適格教員の排除」を入れるか否かにつき争いがあるいわくつきの制度でした。

教員免許更新制が、初めて議論の俎上《そじょう》に上ったのは中曽根内閣の時です。校内暴力が盛んになり教員の資質向上が求められた一九八三年、自民党文教制度調査会・文教部会は「教員の養成、免許等に関する提言」を発表し、免許状に有効期限を付し、更新研修を義務付けるよう政府に検討を求めたのです。

時代はくだり、森内閣時代の二〇〇〇年一二月二二日、教育改革国民会議（設立したのは小渕内閣）は「教育を変える一七の提案」を発表します。その提案の「教師の意欲や努力が報われ評価される体制をつくる」という項目の中で、「効果的な授業や学級運営ができないという評価が繰り返しあっても改善されないと判断された教師については、他職種への配置換えを命ずることを可能にする途を拡げ、最終的には免職などの措置を講じる」という提案と「非常勤、任期付教員、社会人教員など雇用形態を多様化する。教師の採用方法については、入口を多様にし、採用後の勤務状況などの評価を重視する。免許更新制の可能性を検討する」という提言が別々にされます。

不適格教員排除の問題は配置転換や免職で対応し、免許更新制度の問題はそれとは切り離した提言がされたのです。しかし、結局このときも政府は動きませんでした。

ところが、小泉総理を経て二〇〇六年に総理になった安倍晋三氏は自民党の中で数少ない「なれあい」否定派でした。教育再生会議を立ち上げ、日教組どころか教育学者さえメンバーに入れず、教育正常化路線を明確に志向しました。政府の日教組協調路線の象徴だった「ゆとり教育」を見直し、本気で免許更新制度の創設に乗り出したのです。教育再生会議から提唱された免許更新制では、不適格教員の排除がその趣旨であることが明確にされました。

しかし、安倍総理が政権を投げ出すと、免許更新制度の趣旨はブレだし、最終的に二〇〇九年四月に実施された教員免許更新制の目的は、「その時々で教員として必要な資質能力が保持されるよう、定期的に最新の知識技能を身に付けることで、教員が自信と誇りを持って教壇に立ち、社会の尊敬と信頼を得ることを目指すもの」に落ち着きました。文部科学省のホームページで本制度の概要が説明されているのですが、失笑してしまうのは、そこでわざわざ「※不適格教員の排除を目的としたものではありません」と明記されていることです。

それでも、不適格教員候補が大勢いる日教組にとって、この制度は目障りだったのでしょう。中曽根政権から安倍政権までの長い年月をかけてできた本制度は、民主党政権の誕生によりお蔵入りになりそうです。

悪夢②　全国学力テストの事実上の廃止

免許更新制の廃止と並んで民主党政権になってすぐに明らかになった政策は、全国学力調査を悉皆《しっかい》調査（全員が受験する調査）からサンプリング調査に変更することでした。

悉皆調査とサンプリング調査では、意味が全く異なります。

全国的な観点から児童・生徒の学力変動を把握し、都道府県ごとの学力を比較したいだけならば、設問やサンプリング数が適切であるかぎりサンプリング調査でも目的を果たすことは可能です。

しかし、皆さんご存知のように、秋田県・鳥取県・大阪府など見識のある知事のいる自治体では全国学力・学習状況調査の市町村別のデータを公表しはじめています。日教組と本気で闘わない文部科学省は、市町村別の結果までは公表するなと圧力をかけましたが、それに屈することなく知事たちが公表に踏み切ったのです。国民も結果の公表を支持しました。私は、このような動きはいずれ学校別データの公表・学級別データの公表へと発展し、学校選択制を採用している地域の保護者が学校を選ぶときや、不適格教員を把握するときの客観的な資料になると期待していました。

施策を実施したならば、その結果を公表するのは、デモクラシーが正常に作動するための基本原則です。そうでなければ、国民は施策の良し悪しを判断できません。それを拒む文部官僚や日教組のメンタリティは「知らしむべからず、由《よ》らしむべし」という江戸時代から進歩していません。もちろん、市町村レベルからさらに進んで学校別や学級別の公表となれば反対する人もいるでしょう。私は、プライバシー上問題のある個人別結果以外はすべて公表すべきだと思っていますが、それは国民・住民や、その意思を汲んだ政治家が議論すればよいことです。

民主党政権は、その議論の前提を奪い去ったのです。文部科学省案の四割でも多すぎるとその数をさらに絞るようにと「仕分け」したのです。

これにより得をするのは誰か。授業能力を問われたくない教員であり、学校経営能力を問われたくない校長教頭であり、行政の管理能力を問われたくない教育委員会やその下で働く教育部門の役人です。つまり、日教組や日教組とプロレスごっこを演じてきた人たちです。彼らは、この政策変更にほくそえんでいることでしょう。

悪夢③「こころのノート」の廃止

「こころのノート」は二〇〇二年から小中学校で配布されている道徳用の副教材です。長年道徳教育そのものに反対してきた日教組には極めて評判が悪かったので、民主党政権になって直ちに廃止の方向が決定されました。

「こころのノート」は、自民党政治家の中にも経費の無駄ではないかと疑問を呈する人がおり、学校現場で使われていないことが多いテキストです。ある意味、現場を無視した教育改革、学校を変えるためではなく政治的アピールのための教育改革の典型かもしれません。ですから、私としては「こころのノート」を廃止することには他の政策転換ほど抵抗感はありません。

ただ、廃止するならしっかりとした根拠を示してほしいと思っています。使われていない学校が多いから予算の無駄だと言う人もいるし、副教材といえども「こころのノート」を全ての学校に配布するのは検定教科書制度（検定に合格した教科書を教育委員会が選択する制度）と矛盾すると主張する人もいます。議論は錯綜しています。だからこそ、議論を封じて葬る行為が許せないのです。

ちなみに、大阪府教育委員会は「にんげん」という人権問題に特化した副読本を全校に配布しています。この副読本も、教師によってはほとんど使用していない点、検定制度を通過していない本が全校に配布され使用を強制されるという点で「こころのノート」とまったく同じ問題を抱えています。ところが、日教組はここではその副読本を推奨する側に回っているのです。

私には「こころのノート」は悪くて「にんげん」はよいという理屈が全く理解できません。

ぜひ、「こころのノート」を葬り「にんげん」を推進する日教組の主張を、国民の前で正直に開陳し論議の俎上に乗せてほしいと思っています。

悪夢④　教員免許のための大学院必修化

学校を建て直し、我が国の教育水準を向上させるためには、教員の資質を向上させる必要があります。ここまでは、思想信条や利害得失を超えてほとんどの人が合意するところです。しかし、具体的にどのような方策によるかとなると、意見は中々一致しません。

自民党政権は教員免許更新制により教員の資質が維持・向上できると主張し、最初の主張から二五年以上の歳月をかけてようやく二〇〇九年四月に本制度を成立させました。しかし、成立後たったの四ヶ月で政権から滑り落ち、この制度自体の存続が危ぶまれているのは皮肉としかいいようがありません。では、制度廃止を目論む民主党はどんな方策を練っているかといいますと、教員免許を大学院卒にだけ出せば教員の質が向上すると考えているようです。

どんな資格もそうですが、資格をとってしまった人間は「自分のとった資格が永久のものであること」と「資格を取るのが困難になること」を望みます。逆に言えば、「自分のとった資格が期限付きのものになること」と「資格を取るのが簡単になること」には反対します。

「自分のとった資格が期限付きのものになること」＝教員免許更新制を日教組が潰そうとしているのは、先に述べたとおりですが、「資格を取るのが困難になること」＝大学院必修化により「日教組の利権」「教員養成系大学を頂点とした教員一家の利権」と「そこに天下る文部科学省の利権」はより強固になります。

では誰が損をするのか。もちろん、これから教員になろうとする若者や教員への転職を考えていた社会人、つまりは国民です。

大学院を出たからといって利口にならないことなど、ここ数年の大学院大衆化路線で関係者は誰しも判っていることです。また、大学院卒教員の方が学部卒教員よりも学校現場で役に立つという声も聞いたことがありません。教員免許取得に大学院を卒業することを義務付けても教員の質が上がる見込みはほとんどないのです。

はっきりしていることは、この政策が実現すれば、少子化に加えて「大学で学んだ教育学が現場で役立たない」「特定のイデオロギー（要は共産主義です）から脱却できていない教授が多い」「研究水準が低い」等々問題が多く、廃止も検討されている教員養成系大学が生き残れるということです。第三章で述べましたが、教員養成系大学は各都道府県の教員一家の中核的存在です。日教組ムラも教員一家の一員ですから、大学院必修化で教員養成系大学の経営基盤が強くなることは、彼らにとっても大歓迎のはずです。

私は、この不況下、教員の質向上の方法は、これらの政策とは真逆の方向にあると考えています。すなわち、教員採用試験から教員免許という縛りをはずし、合格後、一定期間（例えば五年以内）に免許を取得すればよいとすることです。さらに年齢制限も撤廃すれば、不況にあえぐビジネス界から優秀な人材が教育界に殺到することでしょう。

地方公務員の経験者採用において年齢制限を撤廃すれば優秀な人材が集まることは東京都庁で実施済みです。特殊支援学校では他の教員免許しかない者が採用されて立派に働いています。ですから、免許のない者を年齢無制限で採用するという施策は決して非現実的な施策ではありません。さらに付け加えるならば、校長ではすでに「よのなか科」の藤原和博氏で成功済みですし、参入障壁を下げれば供給される人材の質が向上することは経済学の基本です。

利権政治の権化だった自民党政権では、こんな政策は不可能でした。民主党が教育一家の利権に屈するのか、国民のための改革に乗り出すのかは、教育界への参入障壁を上げるか下げるかによって判断できます。

弱体化と正常化の同時進行

さて、日教組は権力を握りましたが、その前途はまだまだ不透明です。

第三章の冒頭に記したように日教組の組織率は年々低下しています。次ページのグラフは日教組の組織率と新人の加入率をあらわしたものですが、調査開始以来ほぼ一貫して組織率が低下していることが読み取れます。ここまでは常識。注目すべきは、ここ数年新人の加入率が下げ止まっている点です。新人加入率はほぼ二〇%で一定している。ということは、当面下げ続けますが、最終的には二〇%で落ち着くという予測が成り立ちます。

以前、ある保守系の政治家から「なぜ、日教組のような評判の悪い組織に入る若者がいるのだろう」という質問をいただいたことがありました。答えは次の二点です。

日教組加入率と新人加入率の推移

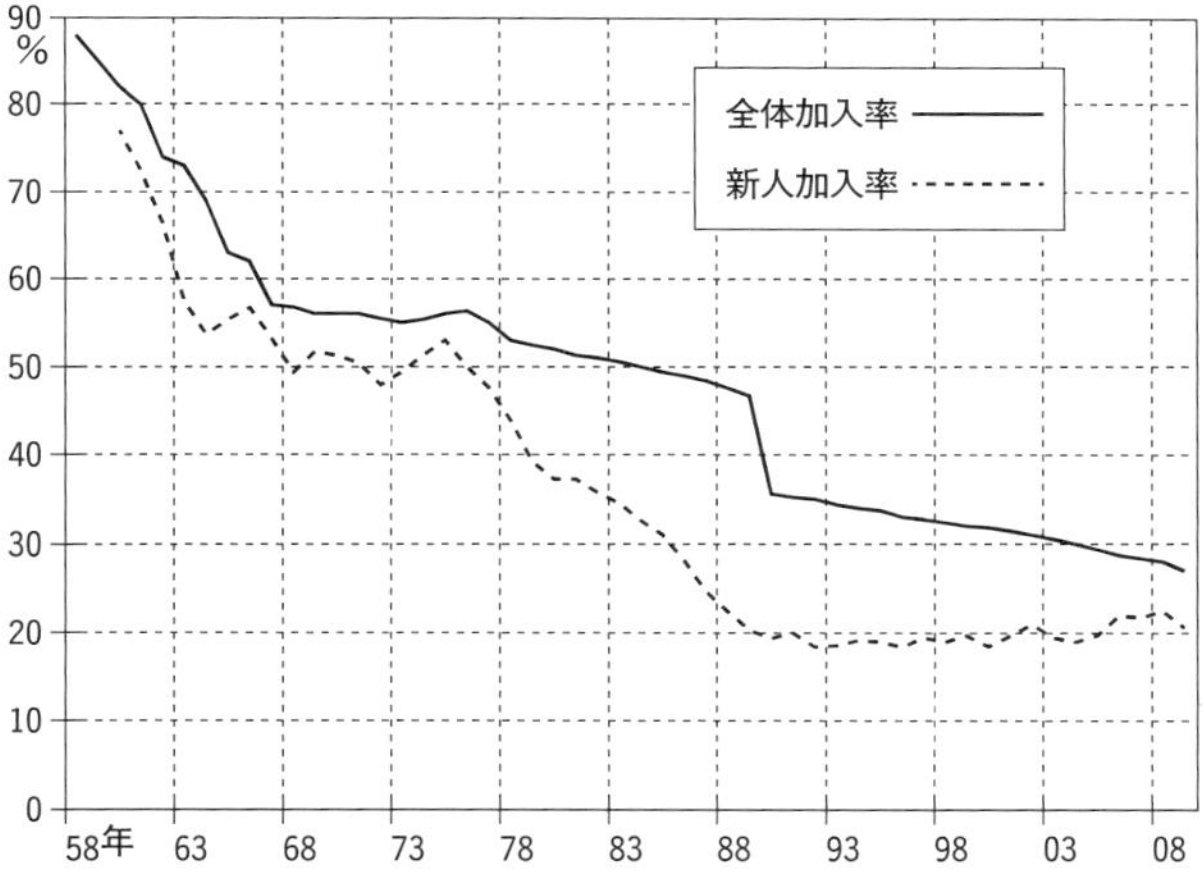

「教育学の研究者が日本型リベラリスト（共産主義を容認するリベラリスト＆リベラリストを詐称する共産主義者）で占められているために、世間知らずで真面目な学生ほど日教組に対する違和感が少なく、そういう人間が採用試験に受かりやすいこと」

「新人加入率が二〇％なのは全国平均であり、都道府県単位・市町村単位で見れば三重県や福井県・山梨県・名古屋市のようにほとんどの教員が日教組に加入しているといわれている自治体は今でも存在する。そういう地域では、特段の心理的抵抗なく加入している」

ただし、幸いなことに前者の若者も密教信者というわけではないのです。全教（共産党系）が日教組から分離したことと、大学において新左翼が壊滅状態であることから日教組に加入する新人教員に密教信者はほとんどいません。大学教授も、本音はともかく表面は日本型リベラリストばかりで堂々と自分が共産主義者だと名乗る人は極《ご》少数派になりました。

ということで、日教組の組織率は当面二〇％程度で下げ止まるでしょうが、今後密教信者は補給されません。さらに密教信者の宝庫というべき団塊の世代は定年で再雇用教員となり、その影響力は年々低下しています。また、密教信者は同時に熱心な組合活動家でもありますから、密教信者率の低下は正常化であるだけでなく弱体化も意味します。日教組は、教員の新陳代謝により弱体化と正常化の過程にあるのです。日教組幹部がひたすら左翼臭を隠蔽しようと試みるのも、民主党政権樹立のためのポーズという面もあったのでしょうが、組織生き残りのために、減少する一方の密教信者を見捨て、顕教集団へと変貌しようと模索しているのかも知れません。

そうとらえると、本章の最初に紹介した「教師に特定のイデオロギーを注入する教育をさせるべきではありません。学校ではその社会の合意された価値を教えるべきで、教師の主観や独断によって学習内容が変わってはいけません」という中村譲委員長の発言も、あながちウソではないのかもしれません。

いや、ウソならウソでいいのです。私は、日教組をウソかもしれない建前に封じ込めることが、現段階で国民がとれる最良の選択だと思うのです。

変化する政治方針

日教組が建前に封じ込められている例として、国旗国歌反対運動が挙げられます。日教組といえば国旗国歌反対というのが一〇年前までは常識でした。しかし、最近の日教組本部は国旗国歌問題からすっかり足を洗ったようです。その実例を紹介しましょう。

日教組教員でかつ国旗国歌反対運動で有名な根津公子さんという方がいます。彼女は、一九九四年に自分が勤める学校の国旗を降ろして減給処分になったのを皮切りに何度も国旗国歌問題で処分されており、反日団体からジャンヌ・ダルクのように扱われている方です。多くの日教組教員仲間も彼女がクビにならないように運動しているのですが、日教組本部は彼女を支持するつもりはまったくないようです。東京都教育委員会の処分は不当だといった批判さえしません。

国旗国歌反対運動は勝手にやってくれ、日教組本部はノータッチでいく。これが現在のスタンスです。

極端な反日教育をする教員を切り捨てるというスタンスは日教組だけでなく全教にも共通しています。全教には増田都子さんという、根津さんに並ぶ反日教育界の有名人がいました。

彼女は、いかにも左翼教師らしく紙上討論と称して自身の政治信条を生徒に押し付けており、沖縄の基地問題についても「米軍は暴力（銃剣とブルドーザー）でむりやり土地を取り上げて基地を作ったのが歴史的事実」といったことを一方的に生徒に教えていました。教え子が卒業式の国歌斉唱時に起立しなかったそうですから、人を感化する力はあるのでしょう。しかし、彼女の授業内容がアメリカ人を父に持つ児童の人権を侵害したということで大問題となりました。

結局彼女は免職になるのですが、このとき全教は彼女を庇《かば》うどころか、独自に調査してその教育は人権侵害であると判定したようです。

教職員組合は、教員の集合ですから教員の政治意識とあまりに乖離《かいり》して存続することはできないのです。

もちろん、だからといって日教組が政治的に中立である訳ではありません。日教組が今後も引き続き政治活動をすることは北海道教職員組合幹部が逮捕された直後の臨時大会（二〇一〇年三月一五日）で中村委員長自身が明言しましたし、その場で朝鮮学校にも高校授業料無償化の恩恵を与えるべきだと決議しました。

日教組に応援されている政治家は、違法献金で問題になった小林千代美氏以外にも輿石東、横路孝弘、鉢呂吉雄、神本美恵子、那谷屋《なたにや》正義、佐藤泰介、辻泰弘など各氏がいますが、彼らの多くは「外国人への参政権付与」「夫婦別姓」に積極的、北朝鮮に親和的という共通項があります。彼らは、しっかりと日教組の代弁者として政治活動を行っているのです。

結局「日教組」とはなにものなのか

さて、ここまで日教組の歴史・活動・現状等について見てきましたが、最後にもう一度、日教組とは何かを整理しておきましょう。

まず、日教組の現状を箇条書きにするとこうなります。

①倫理綱領を正式に変更した形跡がない（但し、日教組広報部によると「倫理綱領は歴史的文書であり現在有効ではない」そうです）。
②共産党支持者は脱会して全教を結成したので日教組内にはほとんどいない。
③建前上は国旗国歌反対運動や偏向教育を支持していない。
④大多数の組合員は、共産主義とは無縁である。
⑤教研集会の発表内容には偏りが見られる（但し、それぞれの教育が偏向教育とは限らない）。
⑥政治的には、「外国人への参政権付与」「夫婦別姓推進」「親北朝鮮」など民主党左派や社民党に近い。
⑦地域により組織率にバラツキがある。
⑧組織率の低い地域は団塊世代の退職とともに壊滅すると予測できる一方、高い地域では今でも強固なムラ社会として存在している。
⑨組織率が高い地域では、採用・転勤・昇任人事に影響力を持っている。
⑩組織率が高いからといって偏向教育が盛んとは限らない。

⑪組織率が高いからといって学力が低いとは限らない。
⑫国旗国歌反対運動や偏向教育が幅を利かせている都道府県が存在する。

「教団」「ムラ」「BC級戦犯」という側面から日教組を各章で考察し、さらに箇条書きにして眺めると、日教組は「長期低落傾向にありながら、統制が取れず、古い左翼思想から脱却できずに苦悩している雑多な教師集団」に過ぎないことが理解できます。

建前上は「イデオロギーの注入」を否定し、民主教育を推進する団体であるようにも見えますが、都道府県レベルの幹部には未だ共産主義を信奉する者が多数存在します。そのため教師の倫理綱領についても取材をされれば否定しますが、組織として正式な廃止手続きをとれないでいます。

保守派が批判する偏向教育や国旗国歌反対運動についても、少なくとも全国レベルでは旗を振らなくなりました。全国一斉学力調査の情報公開には否定的でも、全ての子どもに学力保証をと謳っています。組合員の偏向教育実践例が教研集会で発表されても黙認しますが、いざ偏向教育が社会問題となると、それは日教組本部の方針ではないと責任回避を図るでしょう。

どうも、日本の教育をダメにした元凶と呼ぶには迫力がなさ過ぎるのです。むしろ、日教組そのものがダメ組織という方が正しい気がします。

対処① 共産主義ワクチンの摂取

では、我々はそんな日教組とどのように付き合えばよいのでしょうか。

日教組の偏向教育が山口日記事件（五七〜五九ページ）や京都旭丘中学校事件（一〇七〜一〇八ページ）で明らかになって五五年以上の歳月が経ちました。その間、ある人は日教組を壊滅させようと、またある人は日教組を正常化させようと心を砕いてきました。その甲斐があったのでしょうか、日教組の組織率は三〇%を、組合員は三〇万人を割り込み、建前上は偏向教育を自分で否定するようにまでなりました。

しかし、自民党が止めを刺さずに放置した日教組は、民主党政権下で権力の側に立ってしまいました。反権力の側の三〇万人と権力の側の三〇万人では、影響力はまったく異なります。三〇万人と言えば日本医師会、日本歯科医師会、日本薬剤師会（これら三つを総称して「三師会」といいます）の合計人数と大差ありません。ですから、自民党時代に三師会が医療行政に与えた影響に匹敵する力を日教組は握ったと考えてよいでしょう。日教組が強大になったのですから、今までどおり「戦後教育をダメにしたのは日教組だ」とだけ言っても教育の正常化はできません。今まで以上に日教組を丁寧に分析し、実態に応じた対策を講じる必要があります。毒性の弱い風邪なら総合感冒薬で十分でも、毒性の強烈なインフルエンザには「事前のワクチン」「症状緩和のための解熱鎮痛剤や咳止め薬」「感染直後の抗ウイルス剤」といった別々の対処が必要なのと同じです。

例えば、日教組の教団的側面への対処は大学の新入生教育が参考になるでしょう。

近年の大学では、我々の時代には聞いたこともない様々なカルト教団が跋扈《ばっこ》していま す。そのためカルト教団の種類やサークルを利用した勧誘手口を、新入生教育の一環としてガイダンスに組み込む大学が出てきました。

教員教育もまったく同じです。第二章で示したような「共産主義の概要」や「共産主義者の行動様式」を教員養成大学、新人教員の初任者研修などあらゆる段階で教えておいてほしいと思います。それらの知識が、新人教員が日教組と付き合う際のワクチンになるはずです。特に教育学者にまだまだ隠れ共産主義者が多い現状では、教育委員会の初任者研修は極めて重要です。ただし、教育委員会の役人は事なかれ主義の権化ですから、彼らに任せていては学者に楯突くような研修はしません。初任者研修の内容については、教育委員や首長、さらには教育の正常化を推進する市民団体なりがしっかりと監視する必要があるでしょう。

対処② 人事オンブズマンの導入

次に「ムラ」としての側面はどうか。これは日教組だけの問題ではありません。教員の採用・転勤・昇任など人事システム全てが問題です。いや、教員だけじゃない。地方公務員の人事システム全体の問題です。

入り口（採用）問題と内部（転勤・昇任）問題を分けて考えましょう。

地方公務員の採用問題は次の一言につきます。「ムラの公務員はムラ人でなくてもよいのか」。建前上はどの自治体も「よそ者」が公務員になることを否定していません。そうなると、日本の法制上は公平な採用試験を実施しなければなりません。公平な試験をすると、不況のご時世ですから、僻地の公務員も、その地方に縁もゆかりもない都会の高学歴な人たちに占有されてしまうでしょう。それでいいのでしょうか。

田舎の市町村や一部の県が「コネのない人間は採用しない」という現実は、この問題に対する「解」だったのです。コネが無ければ田舎の自治体職員になれないことは、地方公務員を目指す人間の常識です。さらに付け加えれば、コネ採用で最も活躍したのが首長に顔の利く与党政治家でした。つまり、保守政治家が「日教組が教員採用に口を出すのはけしからん」というのは、「オレのシマに手を出すんじゃやねえ」ということなのです。

教員採用人事の公平性を願う者からすれば、「目くそ鼻くそ」に過ぎません。

次に転勤・昇任人事についてはどうでしょう。私は、ここでも日教組だけを責めるのは一方的にすぎると思います。日教組が介入しなくても不正な人事は行われます。いや、そもそも何をもって不正人事というかも疑問です。人事の対価として金が動くならば明らかに不正と言えるでしょうが、単なる口利きだけならどんな組織にもあることです。

ただ、公務員の場合、民間企業と違ってめったなことでは組織が破綻しないので、無能な人間を優遇することへの歯止めがありません。私は、先の研修内容と同様、人事問題も地方公務員に任せていては解決不可能な問題だと思っています。経営という外圧がない公務員には「優秀な人間を採用し、人材を適材適所に配置して戦力の最大化を図る」動機がないのです。

この問題を解決するにも、やはり外部による監視しかありません。外部の目には腐敗した組織を一気に浄化する作用があります。現在、外部監査やオンブズマン的な監視による行政の健全化という手法は、無駄な経費の削減や天下り禁止について適用されていますが、もし国民・住民が教員人事について不正を排除したいのであれば、同じ手法を使うしかないと思います。

対処③　偏向教育情報センターの設置

最後に、「戦犯」の根拠である偏向教育。これを撲滅することこそが、野に下った自民党や他の野党が行うべきことです。保守政治家の日教組批判が選挙目当てだったのか、本当に日本の子どもを思っての行動だったのか。彼らが、偏向教育事例を一つ一つ丁寧に拾い上げ、子どもの健全育成という観点から日教組を追及できるのか。それが試金石となるはずです。総論で「日教組が悪い」ということは簡単ですが、個別の偏向教育と戦うことは勇気のいることです。何故なら、多くの偏向教育には市民団体や外国人の団体、人権団体など日教組以外の応援団が存在するからです。誰が本物の保守政治家で誰が偽りの保守なのか、それを国民の目でしっかりと見据えましょう。

また、政権政党である民主党に偏向教育を是正する責任があることは当然です。民主党系議員の中にも保守を自任している方は少なくありません。その教育の正常化に対するスタンスはその真贋を見抜くメルクマールとなるでしょう。現在は政権与党にいるのですから、「偏向教育情報センター」的なものを設置して、是非とも教育の正常化を志向してほしいと思っています。

もちろん、日教組自身が「偏向教育情報センター」を設置するという選択肢だってあると思います。

中村譲委員長が日本のメディアではなく韓国メディアの前だけで言った「教師に特定のイデオロギーを注入する教育をさせるべきではありません」という主張は、まったくの正論です。でも現実は、日本全国で「特定のイデオロギーを注入する教育」＝偏向教育がなされています。しかも、偏向教育が蔓延《まんえん》している直接の責任は、長年偏向教育を指導した日教組にあります。だとすれば、日教組には「もう偏向教育は止めました」では済まない歴史的責任があるはずです。地雷の撤去責任は地雷を埋めた者にあるのです。

もちろん、日教組本部が方針転換すれば、加入戦術を取っていた新左翼の人たちは「日教組本部の保守反動を許すな」といった声をあげるでしょう。それでも、本部の方針が頑として変わらなければ結局は屈服して大人しくなるか、そうこうしている内に定年退職するか（新左翼のほとんどは六十代か五十代後半です）、別組織を作って出て行くはずです。

日教組に「偏向教育情報センター」を造れという提案は、泥棒に「改心して警察官になれ」というようなものかもしれません。でも、「蛇の道は蛇」というではありませんか。

日本には平安時代の「検非違使《けびいし》の放免」から江戸時代の「目明し」に至るまで、軽犯罪者を改心させて犯罪捜査に使った伝統があります。改心した顕教信者を使った密教信者狩りは、教育正常化には有効な奇手になるような気がするのですが、いかがでしょう。

かつて自民党は、野党の政策を取り入れることで長期政権を築きました。日教組が自民党の先手を打って自ら偏向教育の是正に乗り出すならば、国民は「六・三制の完全実施」を要求した時代のように、日教組を自分達と思いを同じくする組織として再認識するはずです。

あとがき

「勉強のできない子を競争させるのは可哀想だといって低学力のまま社会に放り出す」

「校内犯罪の加害者を出席停止にもせずに『いじめっ子も被害者だ』とかばう」

「教室内で自衛隊や米軍を罵倒する教師が、中国や北朝鮮の軍拡には批判さえしない」

「人権という言葉を聞くと思考停止に陥り、その言葉を乱用する人の言いなりになる」

こういったことを異常だと感じる人たちがようやく増えてきました。巷間《こうかん》言われる「教育の正常化」とは、この異常性を正す営みに他なりません。そして、教育の正常化を推し進めるためには、何よりも異常の根本である日教組の姿を一人でも多くの人たちに理解してもらうことが不可欠であると思い、書いたのがこの本です。

正直に申し上げると私はこの問題をあえて避けてきました。それは滅び行く組織を今更のごとく叩くことを自分のプライドが許さなかったからです。

第二次世界大戦直後に、それまで戦争に協力的だったメディアや学者、そして教員たちは、我先にと戦前の日本を批判しました。潮目が変わった途端に態度を豹変させて勝ち馬に乗るのは、人として最も卑しい行為です。そのような言論に私は何の価値も感じません。

組織としての日教組など捨て置けばよい。それよりも、教育の正常化への最大の障害は、多くの日本人が共有する「日教組思想」(あとがきの冒頭で挙げたことを良しとする思想)である。これが私のつい最近までの認識だったのです。

ところが、民主党政権の誕生によって、滅びるはずの日教組がゾンビのごとく蘇ってしまいました。自民党政権末期に、ようやく教育の正常化へと舵をきったわが国の文教政策がすべて無に帰そうとしています。

ここに至り私は、歴史や思想にまで踏み込み、それでいて誰にも分かりやすく、かつ資料的価値を落とすことなく日教組の真実の姿を描くことを決意しました。しかし、それは本当に骨の折れる作業で、企画から出版までに一年半もの歳月を費やしました。

偏向教育の責任をすべて日教組に押し付け、それを批判するだけならば、いとも簡単に書けたでしょう。

しかし、それでは、

「なぜ、文教政策において民主党は日教組の言いなりなのか」
「なぜ、保守と称する自民党が日教組の存在を許し続けたのか」
「なぜ、三〇万人近い教員がこれほど評判の悪い組織にいまだに所属しているのか」
といった謎を、ひとつとして解き明かすことはできなかったでしょう。

この本は、ご自身を保守と考える方にも、リベラルと位置づける方にも、政治に興味はないが教育には関心のある方にも、そして何より日教組に所属している先生方にも、是非読んでほしいと思っています。

選挙が近くなった時だけ教育を語りだす保守系政治家は、実は日教組とプロレス的共存関係にあるのではないか。

日本における民主主義、人権、平和といった価値観は、世界標準からまったく外れた奇形的な概念になっていないか。

現在行われている平和学習や環境学習は、政治的中立性を保っていないどころか、当の教師さえ気づかぬまま共産主義のプロパガンダになっているのではないか。

この本が、そういったことを考えるきっかけになれば嬉しい限りです。

とりわけ、日教組に所属する先生方は、現場の空気を知っているが故に、保守系メディアが発する日教組批判をうそ臭く感じていると思います。私もその感性はよく理解できます。

学校という空間にいると、米軍を敵視する平和学習にも、部落差別や在日コリアン差別だけに特化した人権学習にも、大企業を悪者扱いにする環境学習にも、まったく違和感を抱かなくなります。

そして、確かにそれらも一面の真実ではあります。

しかし、もし日教組が世間で言われているほど困った組織でないとお考えならば、中国の軍拡が世界に与える脅威を考える平和学習、カンボジア共産党が多くの国民を虐殺したことを題材にした人権学習、旧ソ連が行った地球規模の環境破壊を調べる学習などを是非実施し、日教組の教研集会で発表してください。

そのときにこそ、日教組の、いや共産主義に支配されたすべての組織の全体主義体質を、嫌というほど思い知るでしょう。

ヒットラーが支配したドイツも、スターリンが支配したソ連も、金一族が支配する北朝鮮も、党方針に忠実な人々を弾圧したわけではありません。全体主義の牙は、彼らの本質的矛盾に触れたときにこそ向けられるのです。

その意味で、日教組に限らずわが国の学校教育は、いまだに全体主義から抜け出せていません。そして、私は、左右を問わず学校の全体主義と戦ってきたと自負しています。

最後に、四度にもわたり戦いの場を与えてくださった新潮新書編集部の皆様に改めて感謝申し上げます。

二〇一〇年一一月

森口朗

森口朗　1960(昭和35)年生まれ。教育評論家。東京都職員。中央大学法学部卒。佛教大学修士課程（通信）教育学研究科修了。95年から2005年まで都内公立学校に出向経験がある。
http://d.hatena.ne.jp/moriguchiakira/

Ⓢ新潮新書

397

日教組《にっきょうそ》

著　者　森口《もりぐち》　朗《あきら》

2010年12月20日　発行

発行者　佐藤隆信

発行所　株式会社新潮社

〒162-8711　東京都新宿区矢来町71番地
編集部(03)3266-5430　読者係(03)3266-5111
http://www.shinchosha.co.jp

印刷所　株式会社光邦

製本所　株式会社植木製本所

乱丁・落丁本は、ご面倒ですが
小社読者係宛お送りください。
送料小社負担にてお取替えいたします。

ISBN978-4-10-610397-1　C0237

価格はカバーに表示してあります。